全国小学生校园美文精品集萃丛书

七色阳光小少年

夜晚是给人哭泣的

《语文报》编写组 编

时代文艺出版社

图书在版编目（CIP）数据

夜晚是给人哭泣的／《语文报》编写组编．—长春：时代文艺出版社，2018.8（2023.6重印）
（"七色阳光小少年"全国小学生校园美文精品集萃丛书）

ISBN 978-7-5387-5895-5

Ⅰ.①夜… Ⅱ.①语… Ⅲ.①作文－小学－选集 Ⅳ.①H194.4

中国版本图书馆CIP数据核字（2018）第125456号

出 品 人　陈　琛
产品总监　郭力家
责任编辑　徐　薇
装帧设计　孙　利
排版制作　隋淑凤

本书著作权、版式和装帧设计受国际版权公约和中华人民共和国著作权法保护
本书所有文字、图片和示意图等专有使用权为时代文艺出版社所有
未事先获得时代文艺出版社许可
本书的任何部分不得以图表、电子、影印、缩拍、录音和其他任何手段
进行复制和转载，违者必究

夜晚是给人哭泣的

《语文报》编写组 编

出版发行／时代文艺出版社
地址／长春市福祉大路5788号　龙腾国际大厦A座15层　邮编／130118
总编办／0431-81629751　发行部／0431-81629758
官方微博／weibo.com／tlapress
印刷／北京一鑫印务有限责任公司
开本／700mm×980mm　1／16　字数／153千字　印张／11
版次／2018年8月第1版　印次／2023年6月第5次印刷　定价／34.80元

图书如有印装错误　请寄回印厂调换

编委会

主　　编：刘应伦

编　　委：刘应伦　赵　静　李音霞
　　　　　郭　斐　刘瑞霞　王素红
　　　　　金星闪　周　起　华晓隽
　　　　　何发祥　朱晓东　陈　颖
　　　　　段岩霞　刘学强

本册主编：李本银　李　娟

目 录

在那秋菊飘香的地方

美丽的家乡 ……… 陈 鹭 / 002

一句话，触动了我的心灵 ……… 张雨馨 / 003

疯狂的马路杀手 ……… 魏宝蓉 / 005

再见大海 ……… 王梓敏 / 006

糊涂老爸熨衣记 ……… 栗元灵 / 008

我最欣赏小草 ……… 陈婉婷 / 009

我心目中的旅游节 ……… 顾珺涵 / 010

鱼汤 ……… 刘 磊 / 011

晒晒姥姥的"朋友圈" ……… 雷景旭 / 013

林州之旅 ……… 刘旭阳 / 014

原来，我很善良 ……… 高 翔 / 016

城市的红绿卫兵 ……… 王 宇 / 017

德孝在我心中 ……… 董雨丹 / 019

感谢有你 ……… 高依然 / 020

周末变奏曲 ……… 邵 聪 / 022

节约粮食 .... 王慧慧 / 023

那一天，我真伤心 .... 徐　悦 / 024

九十九分的烦恼 .... 郑若冰 / 026

在那秋菊飘香的地方 .... 邱　颖 / 027

春之物语 .... 李明灿 / 028

谎言，有时是好人 .... 张又微 / 030

一条"说说"让我懂得妈妈的爱 .... 吴　凡 / 031

最美的笑声 .... 魏之熠 / 032

朋友，我想对你说

银桂飘香 .... 张婉莹 / 036

朋友，我想对你说 .... 张兴恩 / 037

我与妈妈的二胎之战 .... 陈　晨 / 038

蛋糕贼 .... 陆羽淳 / 040

那棵树 .... 廖　好 / 041

分享"猴头菇" .... 朱佳璐 / 042

在阅读中成长 .... 朱静怡 / 044

农家新事 .... 焦楠星 / 045

为自己竖起大拇指 .... 张海新 / 046

我的乐园 .... 刘称瑞 / 049

长大的童心 .... 黄　婷 / 050

勇闯台风 .... 张乐萱 / 052

家庭演唱会 .... 曹雅雯 / 054

我若有一个"假弟弟" .... 戴　宇 / 055

那些花儿 .... 郭子钦 / 057

我爱家乡的豆腐脑儿 .... 熊瑞阳 / 058

超级书城 .... 陈明明 / 060

秋风中的那抹绿 .... 丁思豪 / 062

幸福是半份加餐 .... 郭子其 / 063

真情在生活中流淌 .... 吕枫婷 / 064

开在记忆深处的花朵

开在记忆深处的花朵 .... 韩　梅 / 068

难忘的科学体验 .... 黄铭哲 / 069

第一次当志愿者 .... 王家瑞 / 071

我的奶奶爱豫剧 .... 郭语涵 / 072

贪吃的教训 .... 马家营 / 074

卖千层饼的夫妇 .... 贾心悦 / 075

小区新事 .... 何烨涵 / 076

挫折也是一种美 .... 高祖贤 / 078

阅读伴我成长 .... 吴若绪 / 079

长大的感觉 .... 傅　宣 / 081

那天，我独自在家 .... 黄敬威 / 082

门牙的烦恼 .... 鲍润清 / 084

独自逛超市 .... 饶悠然 / 085

咀嚼生活的真味 .... 李慧琴 / 086

雨中，那浓浓的爱 .... 郝梦婕 / 088

秋这个季节 .... 徐伟丽 / 090

手机会 .... 梁巧玲 / 091

冬天陷在温暖中 .... 桑海丹 / 092

老爸种树我乘凉 .... 徐　哲 / 094

我当"猪教官" .... 朱佳慧 / 096

我是快乐的赶花人

怀一颗感恩的心 .... 黄倩珊 / 100

我是快乐的赶花人 .... 梁潇檬 / 101

我是螳螂大侠 .... 刘涵宇 / 103

怪异的春风 .... 高晨怡 / 104

时间都被晒掉了 .... 吕昕晨 / 105

倾听心声 .... 蒋丽思 / 106

我真想做个农场主 .... 丁　颖 / 108

青春路上，书香为伴 .... 张思雨 / 109

品茶的那个老人 .... 林真真 / 111

游藏龙百瀑 .... 缪佳达 / 113

我和妈妈是闺密 .... 李　丹 / 115

有趣的 DIY 体验课 .... 刘　星 / 116

精彩，在那一刻 .... 欧阳婷 / 117

致我最爱的这本"书" .... 陈雯雯 / 119

我们家的听写大会 .... 刘　力 / 121

母爱，我懂了 .... 钟文灵 / 123

给烦恼上锁 .... 刘雅琪 / 125

爸爸，我想对您说 .... 王佳琦 / 126

我的乐园 .... 周栋晖 / 127

游初溪土楼群 .... 李学畅 / 129

妈妈的变化 .... 陈家旭 / 130

悠悠老院，百年沧桑........温安琪 / 132

斗鱼........韩炎彦 / 133

别把爱埋得太深

我家的"新玩意儿"........卓依扬 / 136

我去过杂志里........秦思贤 / 137

我最亲密的读书伴侣........冯宵筠 / 138

巧计吃蜂蜜........陈泳珊 / 140

守护"底线"........熊 志 / 141

妈妈家的祠堂........吴声远 / 143

有意思的科学课........郎正啸 / 144

求人不如求己........钟 科 / 146

有时，我也想细数那满天繁星........崔春晓 / 148

别把爱埋得太深........陈美玲 / 150

漫画小魔女........于新宇 / 151

风的大脾气........付思洋 / 153

观马戏有感........朱 涛 / 154

欢乐乡村行........张 晶 / 155

秋天的颜色........钟墨菲 / 157

蚕豆花开........徐凡华 / 158

不同的转折，不一样的人生........张 涛 / 160

雨天的向日葵........袁小冉 / 162

妈妈教我讲礼貌........宋一凡 / 163

丑小鸭与我........刘凯文 / 165

在那秋菊飘香的地方

在我成长的路上,只要有菊花,就一定会有动力。因为,奶奶就像是芬芳的菊花一样,永远都是我虚弱时的强心针,是我前行时的指路牌,引领我走向光辉灿烂的明天。

美丽的家乡

陈 鹭

我家住在百尺河边,山清水秀,鸟语花香。这里,依山傍水,如诗如画。

百尺河的春天,总能给人希望。当河水"哗啦啦"解冻的时候,当河堤岸柳枝冒出鹅黄色的柳芽的时候……春天来了!春天,一切生命都在向着朝气蓬勃的方向发展。那青青的山叫作白龙山,上山的小路风景奇美,绿树成荫,正是油菜开花的季节,从山上往下看,黄黄的油菜花格外显眼,美不胜收。人们的心也随着这明媚的春光快活起来,他们脱下了厚厚的冬装,在春日的暖阳下舒展着自己的腰身,好一片欣欣向荣的景像!

夏天,芦苇丛长得茂盛了,候鸟也飞来了。在河上的小桥上走着,时不时有几只白鹭从在处的天空飞翔。有时,几只翠鸟华丽的身影猛然蹦入你的眼帘,之后又消失在天空里。水中经常会出现一些不知名的黑色小鸭,有时运气好,甚至可以看见它们拖儿带女。走到路边,会有一些小鸟在芦苇丛的最高处引吭高歌。看见有人来了,便快速地钻进芦苇中,之后又小心翼翼地出来,回到原来站的地方继续高唱。

秋天,玉米成熟了,农民忙的是热火朝天。叶子渐渐黄了,一片

片地往下落，秋把好多东西都染成金色的了，天空中成群的燕子在水洼附近捕食，还有的站在电线杆上，好像在商量南飞大事，天空中时不时有几只大雁飞过。在冷空气的逼迫下，人们不由得多加了几件衣服。

冬天，河水冻上了，人们全都换上了厚厚的棉衣。冰冻硬的时候，调皮的孩子会试探着在河上滑冰。屋檐下冻出了好多长长的冰凌，我经常把它的顶部弄尖，做一把长长的"冰剑"。每年冬天，总会下场大雪，这时，最快乐的就是我们小孩子了。堆雪人，打雪仗，虽然下大雪的机会不多，但我们能在这些不多的机会中玩出非一般的快乐。

这就是我的家乡，我坚信，它永远是美丽的。

一句话，触动了我的心灵

张雨馨

在汝瓷制作间，我和我的几个同学有幸见到了李廷怀大师。

李廷怀先生是著名的汝瓷制作大师，他正在做拉坯。别看他已年过花甲，可拉起坯来认真专注。

坯泥在转盘上缓慢地旋转着，像一个脱俗的少女陶醉在舞蹈世界。大师时而全神贯注地压底，时而一丝不苟地造型，时而聚精会神地修边。手指上下翻飞，内外兼修，一会儿就把这块儿有灵性的泥塑造成了一个精美的半成品。还没上釉的它，就像未穿上华服，但内

在的气质同样吸引人。随后大师给我们看了几件他精心制作完成的汝瓷。

这可真绝了！

在灯光下，汝瓷青翠华滋，晶莹剔透，真可谓：不是玉，胜似玉。

我不解地问大师："您为什么会有这么好的手艺？"大师摇摇头谦虚地说："哪里，哪里，古人的智慧很高，我只是继承传统文化，并把它发扬光大。说起来容易，做起来难呀，宋朝晚期的汝瓷烧造工艺在我国失传千年，我们必须一点一滴地拾起。所以我从小坚持：把喜欢的事情做到极致！"

"把喜欢的事情做到极致！"这一句话如重锤敲在我心上。仔细想想，其他的事又何尝不是这个理呢？孔子把学问做得精益求精，他成为了千古圣贤，儒家思想流传至今；霍金克服病痛，一心探索宇宙的奥秘，完成了著作《时间简史》；屠呦呦几十年来潜心钻研医学，发现了治疗疟疾的青蒿素，获得了诺贝尔医学奖……

而我眼前的这位李廷怀大师，从小开始学习汝瓷的制作，把心血、精力都倾注在了汝瓷这个他所热爱的事业上，并为之不懈努力探索、追求……如今取得巨大成绩，被尊称为大师！

"把喜欢的事情做到极致！"这句话在我心中挥之不去。它让我明白了做事不要浅尝辄止、浮皮潦草，不论学习还是工作，要有咬定青山不放松的精神，坚持下去，只有坚持，才能把事情做到极致！才会取得骄人的成绩！

疯狂的马路杀手

魏宝蓉

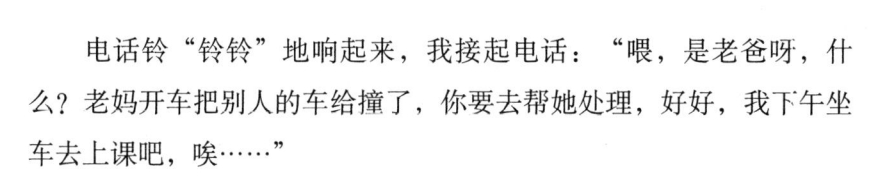

电话铃"铃铃"地响起来，我接起电话："喂，是老爸呀，什么？老妈开车把别人的车给撞了，你要去帮她处理，好好，我下午坐车去上课吧，唉……"

我亲爱的老妈是一流的马路杀手，开车没多久，像这样的"光辉事迹"数不胜数，且听我娓娓道来。

老妈开车第一天，怀着满腔的热情走着"S"形路线就上路了，她擅长急刹，擅长180度疯狂拐弯，甚至会拐到一个错的路口。她仿佛有着定海神针，不管有多少"滴滴"声，她总是以龟速行驶；她开车极具有回头率，任何超过她的司机总会向驾驶室投来哀怨又带着点儿愤怒的眼神。她简直就是一个专职碰碰车司机，在高速路上行驶，到拐弯处方向盘连动都不动，在我和老爸"超声波"的尖叫声中才疯狂转弯一下，设想如果这样下去，你就再也看不到我了。我和老爸因此总是打击她高涨的开车热情，我总会满脸坏笑地对她说："谢谢老妈锻炼了我的心理承受能力，让我更有勇气，并且大开眼界。"

于是乎，老妈撞车也是在意料之中的了。

安生的日子过了没几天，在"我再也不开车"余音绕梁之时，老妈又一次抢过了老爸手中的方向盘，因为她坚信"不开车，就永远出不了徒，多开车，即使进步一点儿，也是进步"。

其实老妈真的很想把车开好，每次开车她总是会仔仔细细地检查一遍，然后嘴里重复着别人给她的怎样解决开车问题的那几句建议。拐弯时，她会慢慢地拐过去；她也从不和老司机抢着走，她总会让别人先过；尽管会在堵车时耽误宝贵的几分钟，她看见前方有行人，也会打手势让他们先过。她那颗永不言败的心尽管受到了我和老爸无数次的打击，但却依旧强大，她的"疯劲"还真的值得我去学习。

老妈开车经历过许多打击与挫折，但她却依旧顽强、不屈不挠地朝着目标去努力，尽管屡战屡败，但是却愈挫愈勇。

生活并不会一帆风顺，总有打击与挫折，总有一道又一道的坎儿等待我们去迈过，这时请不要怨天尤人，而是要拍拍身上的灰尘，重新迎接挑战，相信越过坎坷后，你会发现那只是一步的距离。

再见大海

王梓敏

啊，大海，我已不知多少次与你邂逅，这次再到海滨拜访你，我充满了老友重逢的喜悦。吹海风，听海浪，观海景……我要用笔记录下你美丽的颜容。

太阳升起，几片羽毛般的白云轻飘在天际。你拉来一层薄雾，当作轻盈的纱巾，罩在面上。在那朦胧的面纱下，是一望无际的青色，恰似青花瓷一般迷人。你的发髻上，点缀着三五座绿色的翡翠一般的零星小岛。而长长的那座，大抵是你发髻上的玉簪吧。

夏日的骄阳轻轻将你的面纱撩起，我终于看清了你美丽的容颜。一眼望不到边的蓝与高远的天，在极远的一处相遇。天上云淡，海中浪稀，一切都是那样平静，那样广阔，那样深远。此刻，时间与空间仿佛都凝固了，你就像一幅静止的画卷。忽而，白色的细浪拍打金色的沙滩。此起彼伏的"哗哗"声，可是你奏出的，动听欢快的清晨小奏鸣曲？远远的，几只简朴轻快的小舟，从小岛扬帆起航，缓缓飘向远方，竟没有留下一丝波痕。这时，起了风。你泛起一丝笑容，微波暗涌，船儿左右摇了摇，又渐渐归于平静。

傍晚，我又来到属于你的金色沙滩。涨起的潮水，敲击着海边的岩石。波澜壮阔的海面上，可没船头的海浪，起伏着，翻腾着，争先恐后地向沙滩上涌来，一片高过一片，一层盖过一层，高昂澎湃，浪声震天。哦，我亲爱的大海，这，可是你奏出的，激昂热情的迎宾曲吗？

渐渐地，夕阳的余晖洒在蔚蓝的海面上，使你变成了辉煌的红。白色的海浪，也被染成了红色，与金红的沙滩连成了一片。于是，天与你，云与浪，岩石与沙滩……都成了红色的。此时，你的美丽，令我如何形容呢？壮阔、辉煌、绚丽、夺目……穷尽世间一切华美的辞藻，也不及你美丽的一半。或许，本就不该形容，只消欣赏吧。

夜色已织，青云后，是幽幽的月。阑干北斗，像一把银勺，在夜空中熠熠生辉。不远的海岛上，华灯初上，灯火辉煌。近处的沙滩上，缤纷的彩灯，勾勒出美丽的图案。微波涌涌，海浪声声，在月光的映衬下，大海显得那样静谧，那样祥和，似月下的小夜曲，轻轻地，缓缓地……

糊涂老爸熨衣记

粟元灵

星期天，我闲着无事，打开衣柜一看："呀！校服怎么变得皱巴巴的，像萝卜干一样，明天还要穿，怎么办？"爸爸听到我的喊声，赶紧跑过来，拍拍胸脯说："没关系，包在我身上。"

我一听，高兴得不得了，生怕爸爸后悔，马上从柜子的角落里拿出熨斗。老爸搬来烫衣服的架子，一副欲大显身手的架势。万事俱备，只欠东风。一场好戏即将上演！

果不其然，爸爸把衣服抖了抖，放在熨衣板上，挥了挥熨斗，大声说："来，看看老爸熨得美不美？"我望着空空的插座，呆呆地说："爸爸，你好像忘记插上插头了！"顺着我手指的方向，爸爸尴尬一笑，低头一看，狡猾地笑着说："嘻！我是为了考验你有没有认真做事的能力！怎么样？这次的突然袭击是不是吓了你一跳呢？"边说边把插头插了上去。再一次提起熨斗，挥呀挥……过了好一会儿，满意地摸了摸衣服，疑惑地说："咦，怎么是凉的？"我也奇怪地走上前，仔细地看了看，无奈地大叫："老爸，你看，熨斗的开关你忘记打开了！"唉！老爸，你办事为什么总是那么糊涂呢？这次看你怎么自圆其说。

果然，老爸可能觉得实在有点儿圆不过去了，摸了摸头，不好

意思地说："对不起，女儿，看来做事一定要仔细呀！你可千万不要学老爸呀！"我看了看可爱的老爸，甜甜地说："知错就改，善莫大焉！你还是我亲爱的老爸！我会一直支持你的！"

"好嘞，这回不会再错了。看老爸怎么把你的'萝卜干'熨成'豆腐块'！"一波三折之后，糊涂老爸终于熨好了衣服。

我最欣赏小草

陈婉婷

每个人都有自己的闪光点，每个人都拥有欣赏别人或自己的权利。有人选择欣赏泥土，欣赏大海，欣赏青松，欣赏老师，欣赏同学，欣赏自己……我则选择欣赏小草。

春天，冰雪消融。温室的花朵还没展示自己婀娜的身姿，小草便从湿润的土地里探出了嫩绿的小脑袋。虽然它们的生命是那样脆弱，它们又是那样娇小，但是在暖人的春风中，它们依然晃动着那一颗颗小脑袋。在春风的陪衬下，它们哼起了如探戈般节奏急促的乐曲，跳起了如斗牛般激情高昂的舞曲。它们昂首挺胸，似乎在炫耀着自己的歌声是多么动听，舞姿是多么动人。天气由晴转小雨，下起了蒙蒙细雨。在柔和的雨滴中，小草尽情地吮吸着，它们脱去了黄绿色的旧衣，换上了嫩绿的新装。

烈日炎炎的夏天下了一场暴雨，豆大的雨滴渗入了小草的肌肤，时有时无的狂风把小草吹得东倒西歪，它像一朵将要枯萎的花儿，像一个病恹恹的人。雨后天晴,它竟然奇迹般地抬起了它那娇小的头,倔强地望着蔚蓝的天空,倔强地朝着太阳公公露出洁白的牙齿。

硕果累累的秋天,农民伯伯们挑着扁担,扛着锄头,准备收获丰收的果实,他们是喜悦的。可此时的小草生命已经殆尽,垂下了它们顽强的脑袋。不过"野火烧不尽,春风吹又生"。它们一时的沉默不代表永久的沉默,它们枯萎,正是为了明年的萌发而做充足的准备。或许稍许变暖的冬天,它们已经蓄势待发,准备一展风采。

我欣赏小草的倔强、生生不息,以及它们顽强的生命力。它们的确渺小,但它们所迸发出的力量是不可小觑的。

小草,我欣赏你!

我心目中的旅游节

顾珺涵

秋天的中午,吃过饭,我来到操场上休息。仰望天空,蔚蓝的天空一碧如洗,几朵白云悠闲地散着步。多么美好的秋景呀!秋高气爽,正是旅游的好季节。可是,我们小朋友却从未有过有关旅游的节日。我一定要设立一个旅游节!

我心目中的旅游节要设定在每年的春天和秋天,各一个星期。虽然我们已经有了暑假和寒假,可以领略夏天和冬天的美景,但是严寒酷暑却不适宜旅游,而春暖花开和天朗气清的季节正是旅游的好时候。

桃红绿柳，鸟语花香，到处是一派生机勃勃的景象。在这美好的季节，我们呼朋引伴，一起迈着轻盈的脚步，走进大自然，欣赏美丽的春天。听！小鸟叽叽喳喳地鸣唱、春雨淅淅沥沥地低吟、溪水哗啦啦地朗诵……看！花朵在绽放，柳枝在飘荡，蜜蜂在采蜜，蝴蝶在舞蹈……闻！泥土的芳香、小草的清香、花朵的醇香……多么美好的大自然！多么迷人的世界！

丹桂飘香，秋风送爽，秋色宜人。我们和家人一起饱览祖国的大好河山。看长城，为祖国劳动人民的智慧所折服；游西湖，看人间天堂的美丽景色；去海滨，捡起漂亮的贝壳，穿起难忘的回忆；登泰山，看日出，与天地同在，感受祖国的风光；走沙漠，骑骆驼，享受沙漠驰骋，体验别样的风情……

走出课堂，享受自然，饱览风光。这些都将是每个孩子童年深深的记忆。

我期盼着旅游节的早日到来！

鱼 汤

刘 磊

妈妈最怕洗鱼了，因为怕闻那股难闻的腥味儿。我嚷着要吃鱼头豆腐汤。妈妈还是满足了我，一大早跑到市场买了两条活蹦乱跳的鲫鱼和一盒嫩豆腐。妈妈把鱼拿到河边去洗，我便在家写作业。

不久，屋外响起了滴滴答答的雨声，仿佛是一位厉害的魔法师眨眼间抛下许多珠子。想到妈妈还在河边洗鱼，我赶忙找了一把红伞，向河边赶去。

透过薄薄的雨帘，我看见妈妈正小心地掰开鱼鳃，头稍稍向后偏过去。她弓着的背部已经有点儿湿了。我来到她身边，为她撑起伞。一条鱼已经洗好了，她正在洗另一条。

看到她洗鱼的样子，我有些过意不去，说道："你买鱼的时候请卖鱼的师傅打理一下不就完了吗？省得回来这么烦神。"

"傻瓜，他能洗得干净吗？那样你敢吃吗？"妈妈说到这儿，还"扑哧"地笑出声来。手里却不停，继续洗她的鱼，已经在开膛了，不一会儿，那黑乎乎的脏兮兮的鱼肠之类的东西便被掏了出来，被扔进了河里。正在旁边伺候的鸭子们见状，赶忙扑棱着翅膀过来争抢它们的"美餐"。它们真馋啊！我暗笑它们。忽然想到了自己，不由觉得有些不好意思起来。

一个个调皮的小雨珠争先恐后地跳进水里，在水面上溅起一朵朵小水花。我伸出手去，想握住几个调皮的水珠，但是立即缩了回来，一个字——冰！我垂下头，说："妈，别洗了吧，在下着雨呢！"妈妈好像没听见，继续洗她的鱼，只是手头更快了。

一幕透明的雨帘，一把红色的伞，一位蹲着洗鱼的母亲，一个撑着伞的我。这使我不禁想起了冰心奶奶的诗句："母亲呵，你是荷叶，我是红莲。心中的雨点来了，除了你，谁是我在无遮拦天空下的荫蔽……"

中午的餐桌上，鱼头豆腐汤的香味四溢。乳白色的鱼汤上面，飘着几根葱花，真是色、香、味俱全啊。一块块烫烫的豆腐，一口口鲜鲜的鱼汤，掺杂着母爱，一起流进我的内心……

晒晒姥姥的"朋友圈"

雷景旭

自从退休后,姥姥就迷上微信,发微信成了她每天的必修课。今天,我就来晒晒姥姥的"朋友圈"。

姥姥的名字里有"兰",所以"兰"就成了她的微信名。她相册的封面是兰,微信的头像也是兰,就连个性签名也与兰有关——"兰生深山中,馥馥吐幽香。"

每天早晨,起床后,姥姥就戴着老花镜,捧起手机,先去"朋友圈"看看别人发的内容,然后开始发自己的状态。姥姥先发了一句"一日之计在于晨",等做好早餐后,她"咔嚓"拍张照,又来了一句"健康营养绿色早餐",配图里当然有金灿灿的玉米面小窝头、香甜的黑米粥、翠绿的拌黄瓜、煮鸡蛋,看起来还真不错!吃完饭,姥姥先看看点赞数量和评论,再对每一条评论进行认真回复。

趁着姥姥洗碗的空当,我翻看了一下姥姥的"朋友圈",了解姥姥的每日生活。广场舞、天气变化、节日祝福都是姥姥"朋友圈"的常见内容。去菜市场买菜,姥姥不忘给新鲜蔬菜来个特写;花开了,姥姥及时报道;做美餐了,姥姥不厌其烦地把每一道工序拍成图片;买了新衣,姥姥也会"秀一秀"。周末郊游、孩子们回来聚餐……就连姥爷的口头禅都被姥姥放到了"朋友圈"。看到朋友给自己的厨艺点赞,姥姥特别有成就感——吃饭不准先动筷子,要先拍照,这可是姥姥新定的规矩哟。

姥姥还关注了很多公众号,有健康养生、科普文章、美食菜谱、心灵鸡汤……亲朋好友都夸姥姥赶潮流,跟得上时代。姥姥说,记录生活的点点滴滴很有意义,这叫老有所乐。

姥姥的"朋友圈"记录着她的幸福晚年,每次姥姥发微信,妈妈都会点一个大大的赞。你也来为我的姥姥点个赞吧!

林州之旅

刘旭阳

经过漫长的等待,终于迎来了期盼已久的暑期实践活动。一大早,同学们高高兴兴地乘上大巴车,大约四个小时之后,我们到达了目的地——河南省中小学生林州综合实践基地。

林州实践基地处于群山怀抱之中,周围景色秀丽宜人。仰望天空,白云朵朵,鸟儿欢快地飞来飞去,好像在迎接我们这些小客人。基地的老师为我们安排了丰富多彩的活动:体能训练、石头彩绘、高空拓展、科学探究、篝火晚会,等等。一到基地,同学们个个摩拳擦掌,都有点儿迫不及待了。

体能训练是对我们身体素质的考验,主要包括列队、站军姿、围着训练场跑步。刚开始很多同学吃不消,累得气喘吁吁。在老师的鼓励下,大家咬牙坚持,最终出色地完成了训练。石头彩绘是个有趣的课程。同学们在浅浅的溪水里挑选出形态各异的石头，然后涂上各种色彩。石头很快活了起来，有的像乌龟，有的像小马，有的像大白兔，五颜六色，美丽极了。

基地的各种课程中，我最感兴趣的是高空拓展和科学探究。高空拓展是一项惊险刺激的训练项目。训练之前，代号"火箭"的教官向我们介绍了几种辅助工具：安全头盔、重力绳、保险环。训练开始了，我们需要通过的设施叫"空中断桥"，它断开的部分长约九十公分，看起来十分吓人。第一名挑战者明显感觉害怕，双腿不停地抖动。我们齐声喊："加油！加油！"只见他迈出一小步，然后慢慢向前移动。到了断桥边，他奋力一跳，成功了！轮到我了，当我爬到上面，感觉身体歪歪斜斜的。看着断桥的另一边，我也鼓足勇气，飞身一跃，成功了！耶，真棒！我在心里为自己喝彩。

最好玩的要数科学探究，它让我们见到了很多奇特的小发明。我最感兴趣的是一个名叫"无皮鼓"的机器。无皮鼓，顾名思义就是没有皮的鼓。可是，没有皮它怎么会响呢？老师告诉我们说："无皮鼓通过人击鼓时与鼓发生红外感应，然后发出声响。"大家听了都感觉不可思议，争先恐后地尝试敲响它。果然，只要手击鼓的动作一出，鼓就响了。

这次林州之行，我们锻炼了身体，增长了见识，还学会了很多技能。一转眼，就要回家了，我们满载收获的"果实"，踏上了回家的路。

原来，我很善良

高 翔

那件事让我认识到，原来，我很善良。

"儿子，中午老妈给你做大盘鸡，好不好？""嗯！"当年还很幼小的我高兴地应了一声，就充满期待地想象着：一个硕大的盘子，上面站着一只可怜巴巴的大公鸡……

"开饭啦！"随着妈妈高分贝的喊声，我移步到了餐桌前，望着那一个个肉块，问老妈："这是鸡哪里的肉呀？""这是鸡腿肉，可香了！来，妈喂你吃一块。"我张开嘴，接住肉，又一次进入了自己的想象空间——一只欢快的、正与朋友们嬉戏玩耍的、活蹦乱跳的大公鸡，被农夫毫不留情地拎了起来，手起刀落，刹那间，它就被扔在了地上。它瑟瑟发抖，周围早已成为血泊一片！它挣扎着，那双不大但睁得圆圆的眼睛里充斥着愤怒，它欲抵抗却又无能为力……

想到这儿，我不禁打了个寒战。

我问："妈妈，鸡没有了腿，怎么走路啊？它也会坐轮椅吗？它可以拄拐杖吗？"望着妈妈，我等待着回答。但此时时间仿佛已悄然静止。妈妈思考着，这时，一切的一切都宁静极了，宁静极了！

妈妈在想什么？在自己的脑海里搜索答案？在塑造一个美好又真实的故事？……

耐不住性子的我在好奇心的驱使下，扯了一下妈妈的衣襟。妈妈抖了一下，仿佛从梦中惊醒，对我说："小鸡那么可爱，上天会再给它一条腿的。"

"太好了！"我高兴地蹦了起来，眼前仿佛看到了：被剁掉双腿的大公鸡，又活蹦乱跳起来了，它和小伙伴们你追我赶，玩得不亦乐乎！这个答复是我希望听到的，因为那是来自我内心深处的期冀。

妈妈给我一堵坚实的保护墙，保护着我的纯真、我的善良，才使得曾经幼稚的我获得一股巨大的力量。这股力量的名字，叫善良。

城市的红绿卫兵

王 宇

在每个城市的十字道路上，都有一盏像忠诚士兵一样的红绿灯。它们从不诉说自己的辛苦，默默地在维护秩序。在我们每个人的心中，也应有盏红绿灯。当我们做对事情时，它会亮起绿灯，给我们鼓励；而当我们犯错时，它会亮起红灯，阻止我们一错再错。

连续下了一个星期的雨，这使我心烦意乱。好不容易盼来个晴天，便约着朋友一起骑车到野外玩，松弛一下紧张的神经。

田野里的景色可真美。在阳光照耀下，树叶绿得发亮，各色的花儿鲜艳得耀眼。做一个深呼吸，似乎把身体中烦闷、晦气都抛到了九霄云外。

我们信步往草坪上走去。这时，我看到了几个青年坐在草地上，饮料瓶、空烟盒和烟头扔了一地。他们还旁若无人地把手机音量开到了最大，播放着摇滚音乐。这些人把这片绿地的宁静给打破了，把我的好心情也破坏了。真不爽呢！

朋友拉着我，说："快走吧。我们还是到别处去，这里不是我们待的地儿。"我颇踌躇了一会儿，心想：我是不是应该阻止他们呢？可是他们看起来好凶啊，万一……就在这时，我的心里亮出了一盏绿灯——一盏和十字路口一模一样的绿灯。这盏绿灯长亮，似乎在告诉我要去阻止他们。这翡翠般的绿色忽然给了我勇气，让我有勇气去阻止他们。我转过身，对朋友说："不，我不能走。必须阻止这群人。你想想，他们这么做本来就是不对的！如果每个人都不管他们，他们还不闹翻天啊？"朋友似乎被我说动了，默默地点头。

我们带着一丝害怕走到他们面前。我大声说："打扰一下，你们不可以在这里扰乱环境。这片绿地是公共场所，你们这样做会影响到其他人。而且……""你们是谁呀？""碍你事啦？""快点儿走啊，不然——"他们有的阴阳怪气，有的凶神恶煞，让我有些胆怯。但我依然硬撑着："可是你们——""滚！"突然窜过来一小青年，还朝我挥动起了他的拳头。

好汉不吃眼前亏。被朋友拉着的我，只好愤愤不平地走了。我当然心有不甘，不想就这么认输。我的脑筋在高速运转。"耶，有了！"于是，我径直跑去门口，高声叫来了保安大叔。听了我的汇报，他也很生气，赶忙制止了那群不良青年的行为，并把他们赶跑了。我们高兴地大叫起来，可在高兴之余，想到那群青年又会在别的地方这么做，不免有些哀愁。如果他们每个人的心中都有一盏红绿灯，在他们做错的关键时刻亮起红灯，那么他们还会这么嚣张吗？

红绿灯，就像是城市的卫兵，永远在维护着社会安定。它同时也是维护心灵纯洁的士兵，让我们的内心不受任何污染。希望每个人心中都有一盏营造美丽心灵世界的红绿灯！

德孝在我心中

董雨丹

孝，是中华民族的传统美德。失去了孝，就好比人失去了灵魂，只留下了一副躯壳。

孝，是一种对父母的尊重，一种回报父母的方式。

孝，迟了就无法再来；有一种情需要珍惜，走了就无法追溯，它就是亲情！从最初的出生，到懂事，它，一直陪我们；从小小的伤害，到大的挫折，到失败，它，从未离开过我们。孩童时，以为送一瓶爸爸爱喝的啤酒就是亲情；少年时，以为取得好成绩给妈妈看就是亲情；到现在才明白，亲情是无论我们长到多大他们都依然爱着我们。

那天晚上，作业特别多，我一直写到深夜十一点还没写完。妈妈敲敲我的房门，走进来轻声说："别写了，快睡吧！"我写作业已经很烦躁了，这时听到妈妈的话，愈加觉得她不可理喻，总爱乱操心，我随即对她大声说道："怎么睡啊！作业还有这么多没写呢！"妈妈突然怔住，只是关心地看了我一眼，便又轻轻走出了房间。

也不知又写了多久，我渐渐趴在桌子上进入了梦乡。醒来时，身上突然滑落一件大衣，桌子上也多了一杯牛奶，杯子下面压了一张小纸条，一行简短的小字映入我的眼帘：乖女儿，原谅妈妈没有考虑你的感受，累了就睡吧！

我顿时感觉有什么哽住了我的喉咙，泪水不自觉地溢出了眼眶。妈妈为了我而日夜操劳，眼角已生出皱纹，头上已长出白发，她为我付出了太多太多，我有什么资格向她发脾气？

在学校，我们要照顾好自己，不给父母惹麻烦，就是孝顺。

在家里，给父母端一杯水、递一双拖鞋，给父母洗洗脚、捶捶背，也是对父母的孝顺。

让我们行动起来，让这份孝继续传递下去！

感 谢 有 你

高依然

感谢有你，老爸。

你还记得我们一起去庐山的时候吗？你一头钻进景德镇就出不来了，我知道的，你喜欢这些瓷器工艺品。你很孩子气，虽然有时会听取妈妈的意见，但如果不随你的心意，就会马上摆出一张"臭"脸来，妈妈也只好"投降"，而你就会马上笑得和花儿一样，兴高采烈地手舞足蹈。别人都羡慕我，因为我有一个见什么好玩的玩意儿都喜欢的老爸，不管到哪儿去，都不忘给女儿带回当地的特产和其他各种好玩好吃好看的礼物的老爸。感谢有你，我的有童心孩子气的老爸。

你爱旅游。爷爷说，你从小就在家待不住，特别爱出去玩。妈妈说，我刚出生四十天，你就开始带上我出门旅游了。寒假、暑假是我们一家出门旅游的黄金时间，有时连双休日也不浪费。周五放学，爸爸就马上把我接到车里，"我们今天出去走走……"跑到了余姚的丹山赤水、柿林村，整整两天，一分一秒都不浪费。别人都羡慕我，小小年纪就去过了这么多的地方，见识了祖国这么多美好的景色：云南、广西、陕西、福建、湖南、江西、上海……明年的目标是西藏或新疆。感谢有你，带我到处跑又贪玩的老爸。

你有一副倔强的脾气，所以造就了我也是一副倔强的脾气。当我们两个人"吵架"时，妈妈是绝对不会管的。两个人一吵，起码一两天，你不理我，我不理你，僵持着。不过，我也经常看见你嘴上说着"你这个臭女儿"，却偷偷观察我脸色，做事说话特别小心翼翼。你经常会从车的后视镜上无奈地盯着那个嘴上可以挂油瓶的小女孩儿。若我主动向你承认错误，你马上就笑了，什么都烟消云散了。别人都羡慕我，有一个好说话的老爸。感谢有你，我"臭脾气"豆腐心的老爸。

家里有一本本厚厚的相册，电脑里有更多的照片，里面都是我从出生到现在的记录：有刚出生还睁不开眼睛的娃娃照，有刚会笑会爬会走的照片，有刚上幼儿园的照片，上小学的照片。更多的是出门旅游时的照片：大理、丽江、西安、延安、桂林、武夷山、黄山、庐山……别人都羡慕我，有一个用照相机记录我成长的老爸。感谢有你，我有爱心的"照相机"老爸。

感谢有你，老爸。你让我成为别人羡慕的对象，也让我在爱与快乐中成长。

周末变奏曲

邵 聪

周六晚上，我们一家三口再次吃着"独具风味"的晚餐——WIFI拌饭。爸爸手边放一个iPhone，妈妈手边放一个iPad，两人的动作如出一辙：一手滑动屏幕，一手扒拉饭菜。我悠悠叹了口气，自言自语道："现在停电该多好！"爸妈同时停下手里的动作，愣愣地看着我。我大声说："没错，我希望现在就停电，这样你们就能好好吃顿饭！"说完，我转身就走，这种味同嚼蜡的晚餐不吃也罢！

爸爸妈妈紧随着我来到卧室。爸爸笑眯眯地对我说："我们错了，以后咱吃饭时间不上网，啊？"妈妈也接着说："不仅吃饭时不上网，咱整个周末都断网！""好！大人说话要算数！从现在开始，你们的手机和平板都要没收，除了接打电话，谁动手机就罚谁洗一个月的碗！"爸爸妈妈无奈地微笑点点头。

安静地吃完饭，爸爸下意识地想去拿手机。我轻轻咳了一声，他不好意思地红着脸缩回了手。我转头看看百无聊赖的妈妈，提议道："大好的周末时光怎能这样白白浪费？让我们做些有意义的事情吧！现在我宣布：全家阅读时间开始！"

爸爸一拍脑门说："对啊，不上网可以读书啊！"一个小时过去了，我们好像忘了时间，各自捧着书静静地读着。不知过了多久，爸

爸抬起头伸伸懒腰说道:"眼睛累了,我们全家一起做个游戏吧!"我立刻提议三人大战"三国杀",于是——嘻嘻哈哈,好不热闹!

时间过得飞快,没玩几把就到休息时间了。洗漱完毕之后,见爸爸又偷偷拿着手机往卧室跑,我大声断喝:"今晚所有手机和平板都要放在客厅指定地点,谁要拿回卧室,重罚!……"

周日早上,在叽叽喳喳的鸟叫声中,我们一家围坐在一起吃早餐,爸爸妈妈笑着对我说:"感谢你啊,聪儿,我们好久没有睡得这么香甜了。"

节约粮食

王慧慧

在餐厅里吃饭,看到有许多同学将吃不完的馒头、蔬菜等食品倒掉,我不禁想到:这是一种多么浪费的行为啊,我们作为一名中学生,一定要把"节约粮食"这一传统美德发扬下去!

"锄禾日当午,汗滴禾下土。"我们现在餐桌上白花花的馒头、花卷、油饼等,都是农民伯伯面朝黄土背朝天辛苦一年的劳动成果。

在春暖花开的季节,农民伯伯辛辛苦苦地把种子种在田地中,给予它们适量的水、充足的空气、适宜的温度,让它们在快乐的环境中成长。

在炎热的夏天,太阳如火红的一把火,照满了每个角落,燃烧着人们的身体,农民伯伯依然顶着烈日在田地中除草、施肥、喷洒农药，让禾苗拥有一个舒适、自然的生活空间！

　　转眼间，到了秋收的季节，农民伯伯脸上露出了和蔼可亲的笑容。看田野中那一望无际的红彤彤的高粱，已笑红了脸；那棉花的嘴巴露出了雪白的牙齿，远远看去，像刚下过一场鹅毛大雪，一层接一层，白雪皑皑；那田中的稻子，也笑折了腰；还有那金黄色的大豆，也堆满了山，仿佛在与它的姐妹们说："喂，今年又是一个大丰收，你们看，我们籽粒饱满！这就是我们劳动人民的成果。"

　　时间如流水，寒冷的冬天已来到，但农民伯伯仍未休息，还要给土翻、浇，让它们呼吸新鲜的空气，拥有适宜的温度和适量的水分，为来年做好充分的准备。

　　就这样，日复一日，年复一年，才有了餐桌上丰富的食物。而现在我们在餐厅吃饭时，有些同学因馒头的黑、白，而将其扔在地上，也有的因菜不合胃口而将其倒掉，当你自己在做这件事之前，有没有想这些菜的来之不易！如果不亲身经历，浪费粮食的人永远都不会懂得的！在如今的地球上，有多少人因没有粮食而饿死啊！

　　节约粮食吧！

那一天，我真伤心

徐　悦

　　太阳徐徐落下，天宇晚霞似火。路人们在嬉笑，归巢的鸟儿在脆声啾鸣，仿佛在相互诉说一天的经历。

原本像小鸟一样喜欢叽叽喳喳的我却噤声了。今天，我落选了。

大脑里像是放电影似的，不断浮现着那一幕：在一片欢呼声中，我的竞争对手，被选为本届班长。而我，看着自己那寥寥无几的支持者，眼泪在眼眶中旋了又旋，硬是强忍着没让它当众落下。

回到家，打开书包准备做作业，可脑袋里却一片空白。竞选的失败带来的失落就像猫爪一样挠得我揪心地疼痛。我索性站在门口，茫茫然地眺望着远方，而眼泪却不能自已地泛滥成河。

爸爸走过来："孩子……"

"我知道。"我打断父亲。

"那，你静一静吧！"

我用鼻音颤抖地说："知道了。"

看着那夕阳，我心里感慨万千。回想起做过的错事：上课时，不让别人说话，自己却和同桌聊得兴高采烈；上自习课时，一会儿用教鞭敲敲这个同学的桌子，一会儿又敲敲那个同学的桌子，自己却得意扬扬，不认真学习。我的心情沉到了低谷，仔细想想，一切皆缘于自己的错。我顿悟：其实落选，应该是一种必然。

落选并不可怕，改正自己的错误，一切重新开始才是最重要的。我擦干眼泪，重整羽翼，全身心投入，准备再次勇敢飞翔！

上帝在关闭一扇大门的时候，又为我开了一扇窗。

九十九分的烦恼

郑若冰

我在小学时的成绩虽称不上优异，但和同龄人比，我已经非常优秀了，次次考试都是九十分以上，但妈妈似乎还不满足，眼看着别人的孩子时不时拿到了一百分的高分，她就会把我拉进房间说上两小时。

这一次考试，我的发挥略有失常，只考了九十三点五分。而我的同桌都考了九十九点五分，看来回家后又免不了一场"暴风骤雨"了。果然不出所料，但是经过"暴风骤雨"后又加了一个长期项目，那便是由老妈独创的"挑灯夜战"和"题海战术"。哎，老妈真不愧是一个做事"直爽"的人，第二天晚上，我才真正领教到她的威力。以前我每天都能睡九小时以上，现在被我妈压迫得只能睡六小时。我每天都带着浓浓的困意去上学，真有些"揠苗助长"的味道啊！

另外那"题海战术"就不用多说了，题目简直就是个"无底洞"，不强打精神做到十二点是不能睡觉的。想偷懒吧，老妈又坐在我身旁，万一我想睡或偷懒，老妈的话匣子就会打开，说些"悬梁刺股"之类的话，可我宁愿"悬梁刺股"也不要"言语攻击"啊！

终于皇天不负有心人，我考了一个九十九分，我欣喜若狂，一进门就又喊又跳，妈妈冷冰冰的话语让我的心凉了半截："干什么？被老师批评了也不用大喊大叫吧！""老妈，我考了一个九十九分！"我用激动的语气对老妈说。老妈那不经意的微笑来得也快去得也快，很快便晴转阴，开始破口大骂："你这个猪脑子，我每天辛辛苦苦地为你辅导，每天这么晚睡觉，你、你为什么不拿下最后一分？你、你太让我失望了！"我想我已经努力了呀！好吧！下次考试我的目标就是一百分！

九十九分，是我们班的最高分，也就是第一名。但既然妈妈严格要求我，我就答应她继续努力吧！只要功夫深，铁杵磨成针，我一定会考一个让她眼前一亮的一百分！

在那秋菊飘香的地方

邱　颖

"孙女啊，听你妈妈说，自从你上六年级后，睡眠越来越差啦？""奶奶，您放心吧，我不要紧的！""那奶奶给你做个菊花枕吧！"

菊花枕，顾名思义，就是用菊花做成的枕头。在我和奶奶一起生活的儿时，每逢秋天到来，奶奶就会带着我去田里采菊花。我也帮奶奶一起采菊花，可年幼的我摘不到高处怒放的盛菊，只摘得到快凋谢的菊花。"奶奶，抱我！我要摘那个大的！大的！"这时奶奶便抱起我，让我去采大菊花。但盛开的菊花我没力气去扯那个茎，便只好帮倒忙把花瓣都拽下来。奶奶见了，便笑道："这下可做不了菊花枕喽！"一听这话，我的心里便忐忑不安：没了菊花枕，可怎么睡觉呢？没了它，我可睡不好！于是，又乖乖地自己去玩自己的。

采完了菊花，接下来就是挑晒菊花。奶奶把菊花放在木盆里，然后一朵一朵地挑拣菊花。新鲜的菊花用来做菊花茶、菊花糕、菊花饭。剩下的一些就放在院子里曝晒，用它们做菊花枕。

奶奶用上等的白棉布缝成一个袋子，然后在上面绣上我选定的卡通图案。犹记当时，奶奶坐在老藤椅上，一针一线地慢慢绣着。为了我这个调皮的孙女，那每一针每一线凝聚了她的汗水与心血啊！

想到这里，我的鼻尖又萦绕着菊花那纯朴清新的香味儿。

"孙女，在想什么呢？""哦！"我从幻境中出来，"没什么，奶奶，谢谢您给我做菊花枕！""傻孩子，谢什么，没事儿的，明天我就给你寄过去。"手机那头，奶奶一定像我一样，幸福地绽开了笑脸。

在我成长的路上，只要有菊花，就一定会有动力。因为，奶奶就像是芬芳的菊花一样，永远都是我虚弱时的强心针，是我前行时的指路牌，引领我走向光辉灿烂的明天。

春之物语

李明灿

春，看似一个抽象的字眼，其实它充满了活力与升级，它就像一个可爱的孩子，与我们为伴，给我们的生活带来活力与生机。

春天是一个充满希望的季节，它不像夏天那样炙热，不像秋天那样枯叶满地，不像冬天那样寒风刺骨。它带来的是微风阵阵。

早春时节，遍地霜雪，天地间充斥着一种灰白，小草枯萎，树木干巴巴地失去了活力。这时它来了，它迈着轻盈的脚步，行走在雪地上，漫步在草丛中，奔跑在树林里。渐渐地，天地间出现了一丝生气，它的脚步所及之处，积雪消融了；它的身影掠过之处，植物苏醒了；它的歌声飘过之处，空气温暖了。

它就这样，跑啊，跳啊，唱啊，笑啊，日复一日。

到了春的中旬，大地复苏，土壤温暖了，湿润了，柳树抽出了细细的柳丝，上面缀满了淡黄色的嫩叶；小草从土里钻了出来，带着泥土的芳香；花儿挺直了腰杆儿，鼓出新的花苞；人们也脱去了厚重的棉衣，换上了轻便的春装。

它必须辛勤的工作了：它得用春雨浇灌禾苗，让它们茁壮成长；它得唤醒冬眠的小生灵，让它们走出阴暗的地穴；它得吹拂大地，让万物充满生机。它不是一个贪玩的孩子了，它成熟了几分，知道自己该做什么，该帮助谁。

到了暮春时节，它已经做好了大部分的工作，这时已是一片蓬蓬勃勃的景象了：早莺新燕筑巢的筑巢、唱歌的唱歌；蚂蚁辛勤的储存食物；植物在春风的吹拂下茁壮成长。看着这欣欣向荣的景象它欣慰地笑着，因为它的辛勤劳动，才有了夏的万紫千红，才有了秋的硕果累累，才有了人们欢愉的笑脸。

春这个辛勤的孩子，在做好它该做的事后，它就休息了。它在养精蓄锐。在一年后，它又会回来，带着生命，带着春雨和春风，带着幸福和希望。

谎言，有时是好人

张又微

你认识"谎言"吗？它四处流浪，从不停歇。它有时是个大坏蛋，但有时，也是个大好人。而我最喜欢的，当然是它当好人的时候。

一天，"谎言"来到了理发店。理发店因为缺少人手，招了一批新人，新人在师傅的指导下练习了几天就正式上岗了。这时，一位新人迎来了第一位顾客。他拿起剪子为顾客理发，因为不熟练，剪下的头发有的长有的短，一点儿也不美观。剪完之后，他怯怯地问："先生，您满意吗？"顾客对着镜子左看右看，拉长了脸。新人解释道："先生，您是我人生中的第一位客人，请谅解。"顾客听了，微微一笑，说："还不错，希望你再接再厉！"顾客的话深深地激励了新人。之后，他刻苦练习，最终成为一名优秀的理发师。

"谎言"也时常到我家来做客。我是家里的"小作家"，从六岁就开始写诗了。每次写完，我都会念给大家听。家人都夸我："又又你真棒，这么小就会写诗了。"连不爱说话的爸爸也翘起了大拇指。可我把诗拿到学校给同学看，他们却说我写得一点儿也不好。我虽然有点儿委屈，却也从亲情中感受到了暖意。

"谎言"有时还会跑进我的心里。曾经，我对爸妈做出承诺：数学考试一定能取得好成绩。可是，因为我没有付出努力，考试成绩总是不理想。爸妈从没批评过我，他们选择了相信我。终于有一天，我鼓足勇气，向爸妈承认了错误。他们却告诉我，他们早就注意到了我的情况，之所以没有批评我，是想我能自己醒悟过来。只有这样，我才能真正地改变。在这场"战争"中，爸爸妈妈的"好谎言"打败了我的"坏谎言"，我虽然输了，可却比获得胜利还开心。

请不要认为谎言就是个十足的大坏蛋。其实，有时候，它也是一个好人。

一条"说说"让我懂得妈妈的爱

吴 凡

"今天，儿子不好好学习，还冲我发脾气，我打了他，但打他的时候，我的心好痛，好痛……"我无意中打开妈妈的QQ，发现了这样一条"说说"。愣了片刻，我看了这条"说说"发表的日期，回想起那时和妈妈争吵的情景……

当时，我专心致志地玩着电脑，丝毫没有注意到一旁站立的妈妈的表情。我正玩得尽兴，妈妈大发雷霆："这次考试考得那么差，还一直玩电脑，快去学习！""再玩一会儿！"我面无表情地应付道。妈妈听了，"啪！"把电脑关了。我忍不住大叫："你只知道分数，我在你眼里算什么？分数机器吗？"妈妈比我火气更大声音更大地吼道："我只知道分数，那你呢？成天不好好学习，只知道玩电脑！"

我把电脑旁的书本重重地摔在地上,两眼直盯妈妈。妈妈看我这样不知悔改,迎面给了我一巴掌。我捂着脸,气哼哼地瞪着妈妈。妈妈看我态度如此恶劣,拿起扫帚就朝我身上打来,疼得我龇牙咧嘴。妈妈似乎还不解气,拧着我的耳朵说:"我是你妈,你怎么可以这样对妈妈!"我被揪疼了,带着哭腔说:"好疼,妈妈你先放手。"妈妈这才松了手,生气地走开了。

过了一会儿,我冷静下来,忸怩不安地走到妈妈面前,诚恳地说:"对不起,妈妈,我不该惹你生气。"妈妈抚摸着我的头,怜爱地说:"对不起,儿子,妈妈不该下手那么重。但妈妈刚刚真的很生气,你不学习,一直玩电脑,你说这样是不是不对?妈妈也不想打你。下次不要这样了,好不好?"我含着泪点了点头。

回忆完这件事,我早已哭得不成样子。那时,我以为妈妈不爱我了,可是今天看到妈妈发的这条"说说",我才明白:原来,妈妈一直都是爱我的。以后我一定要好好学习,不再让妈妈烦心。

最美的笑声

魏之熠

我的生活中充满了欢声笑语,有爷爷大获丰收时爽朗的笑声,有我获奖时爸妈欣慰的笑声,有我和伙伴们打闹、嬉戏时欢快的笑声……但一直萦绕在脑海里挥之不去的是聋哑学校里聋哑儿童的笑声。

那是去年五月的一个周末，妈妈的学校团委组织"关注聋哑儿童，奉献点滴爱心"的活动。妈妈希望我也能参加，我虽然心里有点儿不乐意，但最后还是去了。

来到黄华山脚下，还未进入校门，就听见"咿咿呀呀"的嘈杂声，我心里好奇，便疾步如飞地跑过去。只见一群孩子围在一棵树下，在看一只羽翼未丰的小鸟。我想，它一定是从树上掉下来的。我望了望那棵树，心想：树这么高，看来小鸟是回不了家了。忽然，从人群中走出一个人，他和我年纪相仿。他小心翼翼地捧起小鸟，然后身手敏捷地爬上树，把小鸟放回鸟巢。他下来时，其他的小朋友都拍起手，"咿咿呀呀"地欢呼着。我虽然听不明白他们说些什么，但能感受到他们的善良，感情上觉得更亲近了。后来，通过老师的介绍，我们还互相认识了。

我们参观了他们的校园，来到他们的教室，看了他们画的画，还有一些精致的手工作品。我突然发现，他们虽然身体上有残疾，但依然有着一双善于发现美的眼睛和一颗纯真美好的心。

参观完他们的学校后，我们在操场上和他们一起打篮球，互相追逐、嬉戏，操场上飘荡着阵阵欢声笑语。我们离开时，他们"咿咿呀呀"地笑着用手势向我们道别。他们是那么热情，那么友好，那么真诚！

转眼间一年过去了，但他们"咿咿呀呀"的笑声，是那么清脆响亮，经常在我耳旁回荡。我觉得那是世界上最美的笑声。

朋友，我想对你说

　　朋友，是一个很有分量的词语。朋友难得，交朋友难得，交真心朋友更加难得。对于我来说，一样也有这样的苦恼。我想要一个真心的朋友，谁又不想交一个真心的朋友呢？

银桂飘香

张婉莹

一天，妈妈的微信朋友圈上有人晒出自己做糖桂花的照片，我看了之后非常兴奋，恳求妈妈也来做糖桂花。

我们家有两棵桂树，一棵金桂，一棵银桂。金桂今年烂了根，差点儿死掉，后来浇了补根的营养液，树虽然活了，但叶子稀稀拉拉的，现在不大可能开花了。银桂倒开得很茂盛。

我家的银桂今年已是花开二度了。国庆节晚上，我们走过桂花树，闻到一股淡淡的幽香，爸爸说："桂花又快开了。"我走近一看，可不是吗，细小的、淡绿色的花苞正在叶子下藏着呢！现在，桂花开得正旺盛，树冠像一个金黄色的半球，中间夹杂着几片绿叶。

我正陶醉在醉人的花香中，妈妈一看表，说："已经四点了，要摘得赶快，明天有台风，会下雨。"因为第一次腌桂花，不知道成不成功，所以直接拿了一只盆，一把一把地摘。采了一会儿，腿上全是蚊子包，一只大胆的蚊子居然还来咬我的手，我赶紧跑进房间擦了些花露水，可是不管用。有时，采着采着就掉下一只虫，有蜘蛛、青虫，还有一种我也不认识的小甲虫。更糟糕的是，天上下起了毛毛雨。原来采桂花没那么容易呀！

忙碌了一个半小时左右，天暗下来，我们摘了一大盆桂花。接下来要把桂花中的杂质去掉，如叶子、小虫、花茎和褐色的碎片。这事也不容易，我们一把一把地挑，差不多又花了一个半小时，眼都花了，才把桂花挑干净。

然后事情就简单了，妈妈先把桂花用水冲一下，用盐腌一下，去除涩水，再拿一只密封玻璃罐，一层糖一层桂花地放入，最后放进冰箱。

我好想尝尝味道，可妈妈说："要一个星期后才能吃哦！"

闻着满屋子甜美的桂花香，我仿佛突然悟出了幸福的真谛！

朋友，我想对你说

张兴恩

朋友，是一个很有分量的词语。朋友难得，交朋友难得，交真心朋友更加难得。对于我来说，一样也有这样的苦恼。我想要一个真心的朋友，谁又不想交一个真心的朋友呢？

所以我很谢谢你，谢谢你愿意把我当作你的朋友。

那还是在二年级的时候。那一年我转学了，不得不与原来的朋友们暂时分开。来到新的学校，不免有些失落。也许是因为我是转学生，也许是因为我个子高，总之，我被安排在教室右后排最里面的角落上，那个位子显然难以引起大家的注意。

下课了，我仍然坐在自己的座位上。表面上是在看书，实际上是在观察班上的同学。他们彼此间有说有笑，我却只能坐在这里，一时之间，我感受到了真实的孤独。"能交到朋友就最好，没有交到也无妨。"我在心底自言自语，像是在跟自己赌气似的。

就是在这个时候，你走到我的座位旁边，我清楚地听见了你的脚步声，却仍是低头继续看我的书。

"你好，转学生。"

是对我说的吗？看来没错，因为这里只有我一个转学生。我轻轻合上课本，抬起头，课桌前站着的就是你了。我不禁没好气地冒出一句："纠正一点，我有名字的，我叫祝理佳。"

你脸上红了红，大概也有点儿不好意思，摸了摸头，说："你好，祝理佳，我能和你做朋友吗？"

"咦？"我有些意外地看着你，因为是转学生，大家都和我不熟，也站得远远地，唯独你大方地走到我坐着的角落里来和我打招呼，还说要和我做朋友！那一瞬间，我的心底涌动起阵阵的暖流。我们很快开始活跃地交谈起来，关于彼此的爱好兴趣，关于心情的分享。我不再感到那么茫然了，因为这样的一个小插曲，我对新学校的生活也更加期待了。

谢谢你！有你做我的朋友，真好。

我与妈妈的二胎之战

陈 晨

最近，阿姨又生了一个白白胖胖的小宝宝。妈妈隔三岔五地就去阿姨家看小家伙，可谓是母爱爆棚！好几次，妈妈看到我是欲言又止，让我莫名其妙。

今天中午吃饭时，妈妈满脸堆笑，摸了摸我的脑袋，说："妈妈给你再生一个弟弟或妹妹好吗？你看钱佳思家的圆子多好看，多好玩！"

"圆子是蛮可爱的，可带小孩儿多麻烦，天天哭，吵死了！"我头摇得像拨浪鼓，心想得把妈妈的念头扼杀在萌芽状态。

"不麻烦啊！放心，我会把小孩儿照顾得很好，不会影响到你。再说，你学习如此自觉，也不会受影响的啊！"妈妈一边向我解释，一边朝我扔来糖衣炮弹。

或许是妈妈的计划酝酿已久，台词早就烂熟于心，我无言以对，唯有耍无赖："不行，就是不行！"

妈妈见一计不成又生一计："你看，为什么周煜轩、钱佳思、王艳秋都有弟弟或妹妹？独木不成林啊！如果将来生活中遇到困难，他们相互间也有个照应。"

我陷入了沉思：是呀，一个人的力量终归是有限的。妈妈见我沉默不语，便趁热打铁，开始亲情策略："你长大后能照顾好我吗？如果你工作忙，我不就变成空巢老人了吗？还能安享晚年吗？"

是啊，我长大后，如果工作忙，谁来照顾妈妈呢？妈妈含辛茹苦把我拉扯大，付出了多少，我就不能为妈妈做出点牺牲吗？想到这里，我抬起头看着妈妈："妈妈，你生二胎可以，但只能生个妹妹。女儿是爸妈的贴心小棉袄，女儿更贴心、孝顺！"

"可以，妈妈保证不生小弟弟！"妈妈爽快地答应了，眼中都是笑意。

突然间一个问题跃入脑海，让我顿时惊醒，我忙对妈妈说："妈妈，从我班同学来看，有个怪现象，倘若第一个是男孩儿，二胎定是弟弟，第一个是女孩儿，二胎就是妹妹。周煜轩、钱佳思、王艳秋莫不如此。照此规律，你如果生二胎，应该是男孩子。所以，我不同意你生二胎。"

妈妈看着我，久久不说话，脸上似乎多了一丝憔悴。她一声不吭地向房间走去，背影显得有些佝偻。看着妈妈的背影，我心中多了一丝酸涩。其实，妈妈完全没有必要征求我的意见，但她却为我考虑，尊重我的选择。妈妈生二胎是希望将来我有个照应。妈妈对我的爱是无私的，而我却是自私的。想到这里，我向房间走去……

蛋 糕 贼

陆羽淳

今天是我的生日，一大早，我就兴奋得睡不着觉。妈妈被我吵得只能把头埋到被子里去，可最后还是禁不住我的折腾，只能乖乖起床。我硬拽着妈妈去买蛋糕，可妈妈说蛋糕店都还没开门呢！

好不容易熬到八点半，我们出发了。我兴致勃勃地边走边唱，妈妈却一副无可奈何的样子。我们订了一个10寸的蛋糕，蛋糕店阿姨说最快半个小时，没办法，只能到街上逛一圈再回来拿。我觉得等了很久很久，才拿到蛋糕。我不停地叫妈妈走快一点儿，最好一步能跨到家里。

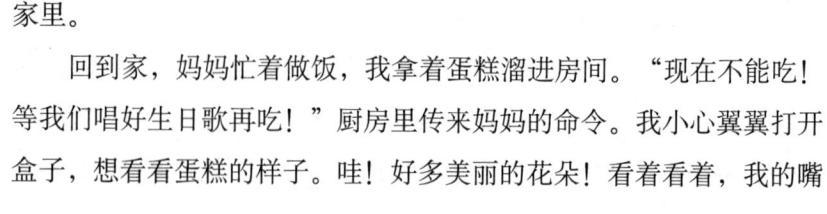

回到家，妈妈忙着做饭，我拿着蛋糕溜进房间。"现在不能吃！等我们唱好生日歌再吃！"厨房里传来妈妈的命令。我小心翼翼打开盒子，想看看蛋糕的样子。哇！好多美丽的花朵！看着看着，我的嘴里酸溜溜的，口水像商量好了一样，不约而同地从每个角落跑出来。我用力咽了回去，看到旁边有刀和叉子，就摆弄起来。玩着玩着，我实在忍不住了，偷偷剜了一朵花下来，赶快盖上盖子，以免妈妈发现。心扑通扑通跳得厉害，我挺了挺腰，装作没事一样到厨房看妈妈，她正在忙着烧菜呢！我松了一口气，却总想着蛋糕，忍不住又去弄了一朵花……

饭后，妈妈打开蛋糕，惊叫起来："谁偷吃蛋糕啦？"说完就瞪着我，好像知道是我。我只能嘻嘻嘻傻笑。"你就是那个蛋糕贼！"妈妈双手叉腰，又忍俊不禁，大笑起来……

那棵树

廖 好

又是一个雨天，窗外的雨朦胧地下着，透过雨我又看见那一棵大树，一棵伫立在远方的大树。

那是校园里一棵极为普通的大树。它也像其他树一样，也会随四季变化而变化，唯一不同的是，它有记忆，有着跟我们一样的记忆。

春天，它的叶子绿得动人，绿得天真，通常它们是叠在一起铺满了整个枝头。从底下望，除了绿色还是绿色。它们就有这么团结，像从前的我们一样。

夏天，大树多了几分热闹，不是因为鸟儿或者其他的，而是因为像我们一样的有着记忆的叶子。在烈日的陪伴下，叶子抱得更紧了。

它们非常努力，也非常珍惜时间，因为秋天就要来了。就像我们一样，一起为即将来临的，努力着珍惜着。

本以为可以很坦然，可当秋天真的来了的时候，带着刀一样的风吹走了叶子时，它还是忍不住打了个旋儿。它不曾带走什么，带走的只有眷恋；它不曾留下什么，留下的仅有回忆。它离别了曾经的乐园，曾经的伙伴，带着无尽的回忆消逝了，也许它们会再次相逢，也许永远都不会了。况且相逢又能怎样，它们还会记得曾经吗？或者只是一句招呼。

冬天，银装素裹。到处都是白的，白到让人孤单。那棵大树早已着上"盛装"，不知是在"欢送"还是在"欢迎"，因为冬天过后又是另一个春天，而树上却不再有曾经的叶子，曾经的我们。

"叶子的离开，是因为风的追求还是树的不挽留。"当日子成为旧照片，当旧照片成为回忆，我们成了背对背行走的路人，沿着不同方向固执地一步一步远离，没有曾经的日子，我们再没有回去的路。"物是人非，事事休，欲语泪先流"。同学、伙伴都已是过去，留下的是一张更替了的白纸，要写的是过去的续集……

分享"猴头菇"

朱佳璐

最近，校园艺术节开幕了，学校决定拍摄童话剧《童话里的老鼠》，我和小杜幸运地分到了两个角色。

因为时间仓促，我俩只能放学后留下来排练，而且每天都要排练到近六点钟，我们只能饿着肚子回家。这天，排练结束后，班主任张老师给了我俩每人一块"猴头菇"饼干。看到平日十分严格的张老师绽放了笑容，我们还真有点儿受宠若惊。

　　第二天傍晚，我们再一次拖着沉重的身子从舞蹈教室里出来，叫苦连天。回到教室后，我俩心里都想着昨天张老师那包"猴头菇"。小杜对我说："我们一直饿着也不是办法。今天张老师和其他老师都在开会，我们去偷点儿饼干吃吧！""你不怕被老师骂啊？这样做不太好吧？"我不安地说。"可你想继续饿下去吗？"我摇摇头。"跟我来。"小杜拉起我的手，蹑手蹑脚地朝张老师的办公室走去。

　　进了办公室，来到张老师的办公桌前，我一眼就看到了那一大袋"猴头菇"。我禁不住咽了咽口水。小杜则是饿得眼睛都绿了，拿起一块饼干就吃。我看到小杜拿了，心想，大不了一起受罚，也拿了一块饼干，不安地吃了起来。大概是吃得太投入了，我们连张老师开会回来也没发现。张老师一进门就看到我们的吃相，不禁哈哈大笑起来。我在心里大喊一声"完了"，知道这次是逃不掉了。我和小杜小心翼翼地转过身，连头也不敢抬一抬。张老师踱着步来到椅子前，一屁股坐下。我立马道歉："张老师，对不起，我们太饿了，所以就拿了你的饼干吃……"我抬头一瞄张老师，见她嘴角挂着微笑，不像在生气。张老师说："你们多拿几块吧，这饼干本来就是要和你们分享的。""啊？"我很惊讶，正想谢绝，谁知小杜已经拿起一块饼干放进了口袋，还弯腰说了谢谢。我也只好拿了一块饼干握在手里。"你们就是我的孩子，没什么不好意思的。以后每天排练完，你们都可以来我这儿吃饼干哦！"张老师大方地说。

　　那天，在回家的路上，我吃着那块"猴头菇"饼干，觉得它似乎比以前任何时候都美味……

在阅读中成长

朱静怡

阅读,是一门学问,走在青春的林荫大道,你我在阅读中成长。

去阅读吧,轻嗅远古的芬芳。

阅读唐朝,阅读那令人叹为观止的三千唐诗,那三千简练的语句,那三千远古的芬芳。读李白,读"人生在世不称意,明朝散发弄扁舟"的洒脱;读杜甫,读"感时花溅泪,恨别鸟惊心"的悲怆;读李商隐,读"相见时难别亦难,东风无力百花残"的愁绪……也阅读宋词,阅读那文学的瑰宝,那篇篇的浩瀚,那篇篇的巧句成章。读辛弃疾,读"醉里挑灯看剑,梦回吹角连营"的雄浑;读李清照,读"帘卷西风,人比黄花瘦"的凄婉;读苏轼,读"但愿人长久,千里共婵娟"的美好……去阅读吧,在阅读中成长。

去阅读吧,感受异域的风光。

阅读英国,阅读莎士比亚的《威尼斯商人》,为鲍西娅的机智鼓掌;阅读美国,阅读海伦·凯勒的《假如给我三天光明》,为海伦的坚强鼓掌;阅读苏联,阅读高尔基的《海燕》,为革命者的无畏鼓掌……去往异邦,去阅读那样文化中别样的风华。去阅读吧,在阅读中成长。

去阅读吧,沐浴青春的和风。

阅读青春,阅读那朝气蓬勃的朝阳,阅读那狂啸怒号的风浪,那些是青春的号角，都是青春的信号。阅读郭敬明，阅读青春中明媚的忧伤；也阅读韩寒，阅读飘逸的轻承……走进青春的图书馆，便是走进春的柔和，夏的昂扬，秋的妩媚，冬的妖娆。去阅读吧，在阅读中成长。

阅读，是一门巧妙的学问，将生活与知识联系，也将成长与知识联系。在阅读中成长，收获颇多。

让我们走进阅读，在阅读中成长！

农家新事

焦楠星

"丫头，换上衣服，今天我们去舅爷家吃饭。"妈妈一边忙着收拾东西一边说。"哦，什么事啊？"我漫不经心地问道，手里却仍没停住敲击键盘。"电话里头没说清楚，到了就知道了。""哦。"我带着一连串的疑问去了。

来到舅爷家，一副焕然一新的景象：屋门前的门框上贴着一副新对联，窗户上贴着"喜"字，一片喜气洋洋的景象，我顿时明白了。舅爷忙着来打招呼，爸妈也连声道喜。舅爷穿着简朴干净的外套，头发也梳得很光滑，眼睛都笑眯成了缝，忙得不亦乐乎。远处，一个年轻小伙儿向我们走来，新郎？舅舅？我简直不敢相信自己的眼睛，仔细端详着他：挺直昂首的腰杆儿，高高的个子，戴着一副眼镜，很斯文。十二年没见，变化这么大，看着这个与小时候迥然不同的舅舅，我陷入了沉思。

不知道那是多少年前的事了，那时我还小。有一次，舅舅考差了，回到家，肯定免不了舅爷的数落，舅爷是一个很严肃的人，没想到舅舅跟他斗起嘴来，舅爷一气之下，便把舅舅拎到马路上用树条打起来，我仍记得那晚，舅舅哭肿眼睛来到我家里过夜。从那时起，舅舅便把那份挨打的耻辱转化为他学习的动力。功夫不负有心人，几年之后，舅舅考上了大学，毕业后，凭着自己的实力在银行里找到了一份好的工作，成就了今天的他。

农村里有两句俗语，一句叫棒打出孝子，另一句叫穷人的孩子早当家，这两句话说得一点儿都不假，如今的舅舅在外地已经买下了两套房子，一部分钱是他上大学时勤工俭学赚来的，另一部分是父母资助的。他让父母流转农村的一部分田亩，来城市里过过清闲生活，帮他打理打理家事。因为舅舅知道，没有父亲就没有今天的他，看着我眼前这对父子俩和乐融融的样子，我的眼眶发热了。

其实，对于许多人来说，梦想是一道美丽的彩虹，虽然无法逃避消失的宿命，但借助它短暂的光芒，我们却可以看到意料之外的收获，这就是奋斗的魅力。

留心农家新事，有时也会让我们感悟到很多。

为自己竖起大拇指

张海新

"年年岁岁花相似，岁岁年年人不同。"在这即将毕业之际，回首小学漫长的时光，我觉得最应该感谢的是学习生活中的那些历练，是它们让我学会了用一颗勇敢的心面对生活的挫折，也是它们让我重新找回了自信。我可以很自豪地为自己竖起大拇指，告诉全世界我是好样的！想知道我为什么这么有底气吗？那还要得益于成长路上的一件"风华少年"的选拔往事。

"圣旨"来临：六神无主

"风华少年"要选拔比赛了！经过班主任艰难的挑选，自认为能力平平的我竟很荣幸地被选为这次比赛的参赛者。当班主任老师宣布这一决定时，我突然愣住了。因为毕竟自己从来也没有参加过这类比赛，可是"老班"的"圣旨"不可违犯呀！于是我只好极不情愿地答应了。不过从那时起，我的内心特别纠结，忐忑不安。

放学回家的路上，我全然没有了归心似箭的念头，六神无主地走着，弄得旁边经过的几个小男孩儿还以为我身体不舒服，感觉甚是尴尬。可能是这"圣旨"的分量实在太重，我竟然不由自主地走到了马路中央，全然忘却了周围的环境，差一点儿被对面开来的汽车撞到！当轿车震耳欲聋的喇叭声响起，我这才回过神来，吓了一身冷汗！我向左右两侧看了看，好险！不过这"惊吓"丝毫没有减退我内心的压力，忧愁的我再次把头低下，陷入了沉思……就这样，这种纠结的情绪，一直持续到了回家。

"粮草储备"：柳暗花明

没有办法，我只有选择最简单又最直接的办法——苦练。一连几天，我都沉浸在一个人的战斗中。字帖、练习纸弄得满桌子都是，连续的奋战让我的身心甚是疲惫。有许多时候，我都产生了放弃的念头。比赛的前一天晚上，写完作业后，我又被动地开始了苦练，心里全然没有了参与的乐趣，有的只是对比赛的埋怨，眼前的练习纸很不幸地成为了我的发泄工具。也许是我的情绪过于外露，细心的妈妈发现了我的异样，忙走来一探究竟。满头大汗的我哪有情绪跟她交流，脸上写满了焦虑。当妈妈真正了解了事情的缘由后，微笑着对我说："孩子，首先妈妈对你能参加比赛表示祝贺！这说明我们家的小伙子很棒！""那怎样才能轻松应战呢？带着不满情绪可不是个好兆头噢！""没有哪个人是先天的智者和天才，什么都有个学习的过程。妈妈看你练习的数量倒是不少，不过你有没有发现这其中有问题？你看看自己写的最基本的笔画。最基本的笔画，字的间架结构你处理的都不是很好，虽然你写的都非常认真。要知道，光靠书写认真来取得书法方面的成就是远远不够的，关键你要学会运笔的方法。来，妈妈跟你一块跟着字贴上提示的练习……"就这样，在妈妈的指导下，我在经过一段时间的练习后，竟然也能写的很棒了。妈妈的指导，让我明白了对待事情首先要有一个正确的心态，卸下心头的包袱，轻松上阵，然后就是要懂得练习的技巧。有了这些准备，我感觉自己也有底气上战场了。

驰骋杀场：愈战愈勇

到比赛那天，人山人海真热闹！我的情绪也因为眼前的氛围而倍感兴奋。不过因为自己是参赛者，多少还是有点儿紧张的。由于时间很紧迫，要求参赛者直接到操场集合，学校的大喇叭不停地叫着，参赛的队员们纷纷向操场赶去，我急忙准备好钢笔，向操场奔去。

没想到我竟然是第一场的参赛者。也许是消息来得太突然，原先镇静自如的我竟然有了一丝慌乱。接过"沉甸甸"的硬笔书法纸，找到指定的地点，我开始忙着写起来。不知为什么，还没等写，我的手指竟不由自主地抖动起来，我告诉自己不要慌乱。想起妈妈昨晚对我说的话，又想到老师和同学们期待的眼神，紧张的我开始慢慢地平静下来，信心越来越强，字也写得越来越好了，到最后直接跟自己在家写字一样了，也不紧张了，超水平地写出了一张好的字帖。交上我的作品，我耐心地等待着成绩……

凯旋而归，找回自信

经过评委老师的打分，最后宣布成绩，先宣布三等奖，没有我的名字，此时我内心涌起了一种紧张情绪，难道我没有拿到名次？接着又听到老师宣布：成绩二等奖的有……我静静地听着，当念到我的名字时，我的内心振奋了，虽然只是二等奖，但我还是自豪地尖叫了一声，感到开心极了！

现在回想那振奋人心的时刻，我仍然感到很高兴，现在，我可以非常荣幸地为当时的我竖起大拇指。

由此事我领会到了，只有持之以恒，对自己充满自信，才能获取成功！

我的乐园

刘称瑞

我的乐园在我的童年生活中，那时，我大都是在奶奶家度过的，那里的一树一草都给我留下了无数关于童年的美好回忆。

不必说那碧绿的爬山虎、粉红的桃花、弯弯曲曲的石子路、可爱的小猫咪；也不必说鸡群在铺路石上觅食，小青蛙躲在草丛里乘凉，蚂蚁在辛勤地劳作，单是那碧绿的竹林，就有无限趣味。我常常摘下几片竹叶来，放到嘴里，便跳跃出一串音符。竹林旁有一条清澈的小河，小蝌蚪在这里欢快地游泳，小鱼儿在水里吐起了串串小泡泡，我经常和爷爷在这里钓鱼，捞田螺。

夏天，花儿都开了，小伙伴们也经常到我家来做游戏。我们在河边找来一块块的小瓦片，让它们在湖面上跳来跳去。玩累了，便往桃树下一靠。伸手摘几个又大又红的桃子，毛茸茸的，也懒得洗，几下便啃完了。我们又把桃核一个一个埋进土里，再天真地啐几口唾沫，以为它们会因此而长成大树。偶尔也会吃几个柿子，但有一次一个没成熟的柿子涩得让我张不开嘴来了，以后就不大敢吃了。

晚上，我们又在河边捉萤火虫，奶奶放心不下我们，用一个小木椅子往墙根上一靠，便坐了下来。玩累了，我们便挤在一起睡觉，把捉住的萤火虫往蚊帐里一散，在"星光"下，我们睡得真香。

长大了，爸爸便把我接回东台读书上学，我的桃树、竹林、柿子树、小鱼儿、萤火虫，我的乐园中的朋友们，我会想念你们的！

长大的童心

黄　婷

小时候，我喜欢爸爸坚实的背，宽宽的，很安全。夕阳下，爸爸

总是背着我回家，不厌其烦地给我讲故事，带着甜甜的笑。父女俩的笑声洒满了回家的路。

哦！童心在爸爸的背上。

小时候，我喜欢外公满脸的胡子。他总是抱起我，用长满胡子的脸亲吻我的脸蛋，然后在脸上蹭，惹得我笑个不停。我问道："外公，为什么我没有胡子？我也想要！""等你长大了就会有。"外公抚摸我的头慈爱地说。我信以为真地点点头。

哦！童心在外公的胡子里。

时间如白驹过隙，滑过爸爸的背，掠过外公的胡子，穿过我的指缝，我的童心长大了。现在，外公抱不动我了，爸爸的背也不再直挺了。

夕阳的余晖下，我捶着爸爸的背。"乖女儿，爸爸老了……"爸爸的神情透着无奈和感伤。"爸爸，那你和妈妈就等着享清福吧！我来养你们！"我说着，捶得更卖力了。爸爸听了，欣慰地笑了。

我的童心，装进了责任与孝心。

现在，外公的胡子变白了，而我，却没长出胡子来。"外公，你骗我，我为什么还没有长胡子呢？"我问道。外公点燃一支烟，默默地吸着，吐出一个个烟圈。朦胧中，看见外公仍一脸慈爱，一个劲儿地说："会长的，以后就有了……"我会心地笑了，外公善意的谎言，点缀了我的整个成长岁月。

我的童心，装进了理解与善良。

哦！长大的童心，让我感受到亲人的爱，让我领悟到成长的真谛。

勇闯台风

张乐萱

我的爸爸是一位货轮船长。在浩瀚无际的大海上,他经历了许许多多奇妙的事情,比如遇到暴风雨,遇到海盗,遇到漩涡暗流……爸爸讲得轻描淡写,我却听得惊心动魄。

暑假,爸爸又要出海远航。他们的船会途经上海,运送一批货物。妈妈的大学同学正好要在上海聚会,于是,爸爸就决定把我和妈妈带上,让我们搭个"顺风船"。第一次和爸爸出海,我心潮澎湃。可是,你知道我们半路遇上了什么吗?我们遇到大台风啦!

那天,船正行驶在一望无际的大海上。突然,风浪开始"行凶"了!风呼呼地刮着,好像要把船上的灯塔吹倒。浪越来越大,船员叔叔们都紧张起来。这时,一个巨浪劈头盖脸地打来,从船头打到船尾,我们每个人都在大浪里洗了个冷水澡。一个叔叔告诉我:"坏了,台风马上要来了。"

我看过一本地理方面的书,上面介绍过台风:台风是热带气旋的一个类别,最高可以达到12级。台风真的好可怕!我吓得哭了起来,可爸爸却十分沉着冷静,他手握舵轮,迅速把船行驶到一个有山、水浅的地方。他下令道:"抛锚!"两个年轻力壮的叔叔从船头把锚抛进了海里。这锚重约五吨,系锚的铁链长二百多米。锚在下沉,船在慢慢往后倒。铁链在海底平铺、拉伸，再加上货轮停在一个不错的位置，就能保证台风来临时船的稳定性。

突然，我的耳边传来了机器发出的巨大轰鸣声。我被这巨响吓坏了，抱紧妈妈哭喊道："妈妈，妈妈，是不是机器出问题了，我们要全军覆没了？呜呜……"妈妈轻轻拍着我的肩膀，安慰我道："孩子，别怕，有爸爸在，我们不会有事的！"爸爸面色凝重，一边掌舵一边指挥船员叔叔们干活，没时间理我。我身边的一个船员叔叔告诉我，爸爸让他们开动主机，迎着台风行驶。风力和船前进的力量互相抵消，才能保证船在这里不动，否则，船会被台风吹跑的！我虽然听得似懂非懂，但也不那么担心、害怕了。

风越来越大，雨也越来越大，我感觉心里像压着一块大石块一样，难受极了。我记得书上曾经说过，台风来后，空气气压比较低，氧气量不足，很容易导致胸口憋闷、头晕等，看来，真是这样啊！

这场和台风的搏斗不知不觉持续了两个多小时，突然间，风平浪静了！我高兴地喊道："台风走喽！台风走喽！"爸爸舒了一口气，搂着我，淡淡地说："傻孩子，台风还没走，只是，我们现在在台风眼里。""什么是台风眼？"我问。爸爸边解释边画图，我终于明白了：原来，我们处于台风的正中心，这时的平静只是暂时的，很快，我们就会迎来下一波暴风雨。爸爸利用这短暂的平静让船员叔叔们吃饭、检查机器和适当休息，以便迎接接下来的考验。

大约一小时后，风雨又开始发威了，平静渐渐被狂暴取代。这台风的后半圈虽然比前半圈要弱一些，但爸爸和叔叔们却不敢放松警惕，仍然坚守在各自的岗位上。这样的状况持续了两个多小时，风雨越来越小。爸爸告诉我，这次，台风真的走了。等台风"走"远后，爸爸才重新开船，向目的地继续前行。

通过这次勇闯台风的经历，我知道了台风的厉害，也知道了爸爸工作的危险和辛苦。

家庭演唱会

曹雅雯

今天中午，我提议晚上举办一场演唱会，爸爸妈妈、外婆外公欣然同意，纷纷说这个建议好，不仅可以活跃家庭氛围，还能促进家庭和谐幸福。

下午，爸爸在家里调试音响和灯光，他说，虽然是家庭演唱会，但也要搞得有模有样。妈妈则是忙着给我和她装扮，她找出一件白底绿花带蕾丝边的漂亮连衣裙给我穿；她自己穿了件光彩夺目的粉红色旗袍，这使得本就亭亭玉立的她，更显得婀娜多姿、美丽动人了。

吃过晚饭，我们家的演唱会就开始啦。

"首先，请'小天使'给我们演唱《童年》。"主持人手持麦克风，用她清脆甜润的嗓音大声宣布。小天使就是我，主持人就是妈妈。

我接过麦克风，迈着轻盈欢快的脚步来到大厅中央，亮开嗓子唱了起来："池塘边的榕树上，知了在声声地叫着夏天……"在我唱歌时，爸爸妈妈、外公外婆跟着节拍有节奏地摇着头拍着手。看着他们陶醉的样子，我唱得越来越轻松，越来越自如。唱完后，我把话筒交给了主持人。

主持人又宣布："接下来，请曹刚先生表演。"曹刚就是我爸

爸，爸爸很喜欢唱歌。

只见他大步流星地走到中央，抢过妈妈手中的麦克风，喜滋滋地说："我先给大家献上一曲《北国之春》。"看来他不止要唱一首。还别说，爸爸唱得还挺好听，他的歌声浑厚有力，充满激情。特别是唱的第二首《在那桃花盛开的地方》，颇有蒋大为的韵味和气势呢。爸爸一连唱了五首都没尽兴，准备唱第六首时，主持人委婉地阻止了，非常客气地对他说："曹刚先生，你下去歇一会儿再来唱，好吗？不要太累了。"说着，拿过他手里的麦克风。爸爸恋恋不舍地走下场，我连忙端了一杯茶给他喝，让他润润嗓子。

"下面，由王苏梅女士表演。"主持人落落大方地说。王苏梅就是妈妈，她唱了首《青藏高原》。中间有几个高音她唱不上去，唱得有点儿走形了，不过我们都使劲儿鼓掌，鼓励她唱完。接下来的《梦醒时分》唱得特别好，那忧郁凄婉的声调如泣如诉，令人心碎……

演唱会在外公外婆合唱的《夫妻双双把家还》的黄梅戏中结束了。演唱会进行了两个多小时，但我们一家人都意犹未尽，一致决定：下个周末，再来一场家庭演唱会。

我若有一个"假弟弟"

戴 宇

现在的科技飞速发展，都可以制造出与真人毫无差别的机器人了！

话说回来，爸妈最近正商量着为家里添个新成员。我十分乐意。为什么？当然是因为如果有个机器人弟妹，爸妈的注意力就会转移到它身上喽。经过我的慎重考虑，是要弟弟还是要妹妹，总算出来了一个结果。你问我结果到底是什么？当然是机器人弟弟啦！原因如下——

一、起保护作用。机器人弟弟嘛，肯定要以保护姐姐为己任。身为一个男子汉，身为一个机器人男子汉，当遇到危险的时候，更是要站在姐姐前面，为我挺身而出！

二、可以随便"欺负"。弟弟嘛，就是用来"欺负"的。如果是一个真的弟弟，说不定捏几下小脸就哭了。为了不被爸爸妈妈骂，我只能做个笑容可掬、和蔼可亲的"五好"姐姐，可配不上我"小魔女"的形象啊！所以，机器人弟弟什么的，最有爱了。

三、作业问题。你可不要以为我是想让弟弟帮忙做作业，我只是想请教他一些难题啦……虽然，身为姐姐却让弟弟教导有点儿那啥，但，机器人弟弟智商高嘛，请教他，不丢人！

四、谈心。一个小学生，说平时"心事重重"有点儿夸张，但在各方面的压力下，也难免会有各种各样的烦恼。我不需要别人来帮我解决这些问题，却需要一个倾听者。我想，如果有一个机器人弟弟，它会听我诉说苦恼，还会在我急躁、哭泣时安慰我……

五、闲聊。平时，我和朋友们没什么共同话题。我爱看书，她们爱玩耍；我爱动漫，她们爱电视剧。说是朋友，其实是披着朋友"外衣"的陌生人而已。如果有一个机器人弟弟，我们就能一起看书，一起聊天南地北，棒极了！

我想有那样一个机器人弟弟。或许，它不像我所想象的那么完美和万能，但，我会成为一个合格的姐姐，我会把它当成一个活生生的人，而不是冷冰冰的机器人。

经过以上的思考，我准备向爸妈提议了。弟弟，到姐姐怀里来

吧！你若来了，一定会喜欢我的，希望你早日光临哟！

那些花儿

郭子钦

我爱那些花儿的风姿，源于花儿的岁月。

寻找时间，便于花儿上寻觅，千年的历史由最柔弱的花儿见证沉浮。"化作春泥更护花"是花儿的生存方式，所以花的生命由此延续，也就见证了历史的痕迹。

打开古老的神话，芙蓉女儿看到了沧海桑田的变迁；捧起尘封的青史，杨贵妃鬓上的牡丹看到了大唐烟尘下物是人非的枯荣。走过了涛飞浪卷的沉浮，目睹过星移斗转的流逝，花儿与这个民族相濡以沫。

那些菊花曾袭一身大唐的霓裳，演绎了"满城尽带黄金甲"。那些白莲曾着一身钿钗礼衣，留下了"露为风味月为香"。那些花儿，以娇美的身躯拽来了词牌曲牌留下了"似花还似非花"。这些花儿留下了诗词曲赋见证了历史沉浮。

因此，一种花儿存在，它见证的文明便不会倒下。美丽的花，由泥土给了它文明，汇聚在它的每一片花瓣中。当历史走过，文明败落，只要土地中还有那花的种子，这个文明就不会湮灭。至少，花记得……

像菊花记住了陶渊明；像牡丹记下了大唐歌飞；像樱花记下了奈良石桥；像天山雪莲记下了维吾尔族文化。诸如此类的花有很多，正因为花的这份特性，今天的情人会用玫瑰见证爱恋，今天的新人会用百合见证浪漫。

花瓣的纹理中潜藏着无数由历史给它的唯美。花虽一年一生，一岁一荣，但是化为春泥后的新生使花儿不会老。所以我爱花，我相信娇粉的花瓣是历史最绮丽的表达，也渴望人生像花儿一样用最圣洁的方式留下美好。

春天的今晚，请拈花在手，会心微笑，做那个月下讴歌时光的坦荡女子。月光如水，人淡如菊……

春天的今晚，请散花于月下，捧卷《诗经》，做那个在月下听花语倾心的婉约诗人。历史沉浮，花颜恬淡……

我爱家乡的豆腐脑儿

熊瑞阳

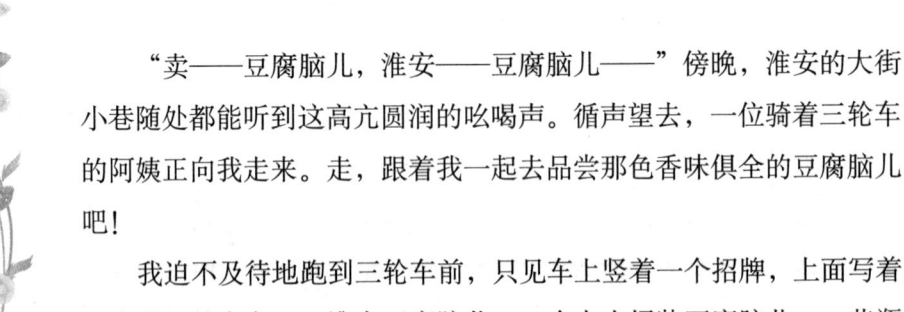

"卖——豆腐脑儿，淮安——豆腐脑儿——"傍晚，淮安的大街小巷随处都能听到这高亢圆润的吆喝声。循声望去，一位骑着三轮车的阿姨正向我走来。走，跟着我一起去品尝那色香味俱全的豆腐脑儿吧！

我迫不及待地跑到三轮车前，只见车上竖着一个招牌，上面写着几个醒目的大字——淮安豆腐脑儿，一个大木桶装豆腐脑儿，一些瓶罐里装各种调料，香味随风扑鼻而来，让人垂涎三尺。"阿姨，来一碗豆腐脑儿！""好嘞！"阿姨打开木桶盖，开始盛豆腐脑儿。这盛豆腐脑儿可是一件讲究的活,阿姨用一种扁"肚子"的勺子先薄薄地打起一层,然后极仔细地一片片盛起,嫩汪汪的豆腐脑儿颤巍巍地溜到勺子里,再滑到碗中,居然没有一点儿破碎,我不禁佩服起这位阿姨的手艺来。待盛好适量的豆腐脑儿,只见她熟练地将葱花、榨菜、虾米、花生撒入碗中,再配上我最喜欢吃的辣酱,一碗色香味俱全的豆腐脑儿就做好了。闻一闻清香扑鼻,喝一口软软的、滑滑的,稍不留神就会哧溜一下顺着喉咙滑进肚子里。用嘴抿一抿,咸、香、辣各种味道溢满口腔,回味无穷。

"阿姨,这么好吃的豆腐脑儿是怎么做出来的呢?"我边吃边问。阿姨笑着说:"豆腐脑儿的制作过程非常精细,先把大豆在水里泡上四五个小时,等大豆泡得又白又胖的时候,捞出来磨成豆浆。再把煮好的豆浆拌入石膏或卤水,焖制数小时,待豆浆凝结后,就制作成功了。"

没想到这看似普通的豆腐脑儿制作起来可真不容易呀!阿姨还告诉我:豆腐脑儿的营养价值很高,它里面有丰富的蛋白质,小孩子吃了能长高,大人吃了体质好。

我的家乡淮安有很多有名的农副产品:淮安茶馓和蒲菜、高沟捆蹄、盱眙龙虾、洪泽湖的螃蟹等,但我却始终最爱家乡那又滑又香的豆腐脑儿!

超级书城

陈明明

在今天这个阳光明媚的日子,我第一次来到了传说中的书城——新华文轩。

超级点一:大

书城共有四层。一进门就是一个亮闪闪的大厅。大厅正中有一个舞台,大概是用来搞活动的吧。左边有一些私家小书摊,他们出售许多有趣的、绝版的书。我在这里找到了一本绝版的《夏洛的网》,上面的标价是三角五分钱,估计是"花甲老版本"了。尽管封面因为陈旧变成了黄色,但书的整体状况还不错,很有收藏价值。我花了二十块钱买了这个古董,准备明儿带去学校显摆显摆。

超级点二:多

乘电梯上去之后就是书城售书的地方了。电梯口对面的收银台里站了六个收银员,她们正在"疯狂"地给顾客结账。她们已经很忙了,但顾客还是不满意。有的在抱怨人太多,等了半天都还没轮到自

己；有的很慌忙，好像在赶时间；有的索性将书随便往一个书架上一扔，头也不回地走了。真没素质！我快步走过去，拿起那几本被抛弃的书，又是上楼又是下楼，终于找到了书城的管理人员，让他们帮忙把书送回家。书籍们一定会感激我吧？

超级点三：便利

"大家好，欢迎来到新华文轩书城……请×××小朋友注意！你的家人正在找你，听到广播后，请火速到广播室，谢谢！"什么，有人失踪了？哎呀，会不会被哈利·波特变走了？哎呀，不管了不管了，又不是我走丢了，干吗胡思乱想？我收一收心，继续埋头苦读起来。过了一会儿，广播又响了："×××小朋友已找到，感谢各位的帮助！"嘿，一个小小的广播居然能起这么大的作用，好便利呀！

超级点四：多样化

不知不觉，天色已晚。我恋恋不舍地离开了售书层，来到四楼的用餐点。办完了点餐卡，我尽情地享受着美食。今儿个，真是精神食粮也吃了个饱，美食也吃了个饱。既没亏待脑子，也没亏待肚子！

秋风中的那抹绿

丁思豪

"一二三四五六七,我的朋友在哪里……"我一路高歌走在回家的路上。

虽已深秋,但树叶仿佛还不愿下来,懒洋洋地吊在树上。风一吹,树叶便哗啦啦的随风摇摆,互相击掌,仿佛在与死神做最后的诀别,但终归有叶子承受不住打击,飘然坠落。

那落下来的叶子多半已是枯黄,叶脉已没有了夏天时的挺直,像驼了背一样,向内弯曲。踩在上面,会发出清脆的咔嚓声。如果跳起舞步,那么枯叶一定会是最棒的伴奏者。

面对此景,你的眼睛也许觉得有点倦怠,"单调"会在你的心头潜滋暗长。这时,有一抹绿色突然出现在视野中,我惊叫起来,那居然是一棵还长着绿叶的树。

走到树下,细细仰视。叶子泛着浅绿色,但众多叶子集合在一起,就发出了浓重的绿色。周围的树干有的已经光秃秃的,有的还挂着几片枯黄的叶子,在他们的衬托下,绿色更加浓重。

走到树前,我抚摸着树干。一片叶子徐徐飘落,伸手捧在了掌心,轻轻地翻转着叶片。叶脉依然笔直地挺着,叶片的边缘虽有些发黄,但和深秋中的那片绿相比,实在是微不足道。

不自觉地往根部一看，猛然发现这棵树的根部格外粗壮。恍然明白，原来这棵树一直在努力地发展根部，没有一味地往高处生长，以贮存更多的养料。当秋天来临时，就能让叶片绿得更久一点儿，落得更慢一点儿。

人生不也是如此，如果不打好基础，怎能追求更高远的目标……想到这里，我不由得加快了回家的脚步。

幸福是半份加餐

郭子其

什么是幸福？分享就是幸福。

还没下课，我的肚子就已咕咕叫了，我抬头看看钟表，摸摸饥肠辘辘的小肚子，心想：小肚子，坚持住哦，再过三分钟，就能吃到美味佳肴的加餐了。

盼星星，盼月亮，终于艰难地熬过了这几分钟——下课了。加餐摆满了讲桌，我以光速飞奔过去，一手拿牛奶，一手拿小蛋糕，兴冲冲走回位子，却有些忧心忡忡：今天太饿了，早餐我都没吃，这些小东西怎能填满我的肚子呢？唉，过会儿我的肚子又要受苦了……正在这时，负责加餐的王东走到我身边递来一份饼干，我有些诧异，目瞪口呆地望着他。他笑了笑说："你刚才太匆忙，忘记拿昨天的饼干了。"我欣喜若狂，立刻接过那甜美的小饼干。

哈哈，王东不愧为及时雨。饼干、蛋糕，再加上牛奶，齐下肚，闹情绪的小肚子一定会服服帖帖地听我的话了。我美滋滋地打开包装纸，香喷喷的味道扑鼻而来，"哇，太美味了！"我享受着，正准备张嘴一咬，却又听见熟悉的"咕咕"声。嘿，我的小肚子你又在搞什么鬼？这喷香的蛋糕马上就入你肚中，你还乱叫！"咕咕"耳畔又传来了声音。咦？似乎不是我的肚子在乱叫，循着声音我发现，郭欣正用可怜的眼神看着我手中的美味，我忽然想起今早上她迟到了，估计也没吃早饭，肚子此时正"大闹天宫"呢！她咽了咽口水，发现我转过了身子，似乎在躲避着我。当我的目光落在她空空如也的桌上时，我恍然大悟，原来她没订加餐。看到这一切，我三下五除二将蛋糕一分为二，继而把饼干也拿出一半都给了郭欣。郭欣看着我的行动似乎被吓住了，她不好意思地看了看我，诚恳地说："谢谢你！"仿佛把我当成了她的Angla。

我和郭欣狼吞虎咽地吃着半份加餐，虽然是半份，没能填满我的肚子，但那份幸福，却贮存在我的心中。

以前我不知道什么是幸福，但今天我明白了。幸福是分享，是那简单的半份加餐！

真情在生活中流淌

吕枫婷

我问过你，朋友之间分离后还剩下什么？你看着我，一直看着，却没有回答。后来，你发了条短信给我：至少，我们还拥有曾经，那

被真情包裹着的，被我们永远珍藏的曾经……

曾经，毛毛细雨连绵不绝，似乎在诉说它永远的悲愁。我们站在窗前，伸出双手，感受苍穹的伤悲。绵绵的雨丝为这座城市增添了几分朦胧感，却更能勾起人们的伤心回忆。望着远方，感受着手心的湿润，我说，如果我是诗人，我会赞颂悲伤；你却说，如果你是诗人，你会赞颂快乐。我觉得你在和我唱对台戏，你却觉得快乐与悲伤是一对形影不离的朋友，悲伤点缀着快乐，快乐洋溢着悲伤……这样的讨论虽然没有结果，但我却感受到了真诚。

曾经，栀子花香弥漫了整个季节，更萦绕了所有在学习上做最后冲刺的学生。突然快起来的学习节奏，令我有些不适应。尽管如此，我们也要全力奋斗。在这闷热的季节，在安静的教室里，我们共同遨游在题海中。偶尔，我们也会讲讲笑话，缓和一下气氛。但浮躁的性格决定了一切，我在这种环境下不免有些烦躁，如果再加上一道难题，那就更抓狂了。每次，你都会拍拍我的肩膀，令我平静下来。那时，我感受到了温暖。

曾经，那个硕果累累的秋天，正是收获的季节。可是在成长的道路上，天空不会永远晴空万里。当同学们手捧沉甸甸的硕果时，我却捧着那张布满红叉叉的试卷，躲在角落里黯然落泪。我不明白为什么付出艰辛却收获风暴？这时，你抚摸着我的头，语重心长地说："生活不可能永远一帆风顺，成功与失败总是交织而来的，暴风雨冲刷过的蓝天会更加明媚耀眼。"你的话语开导了我，使我重树信心。那时，我感受到了关爱。

是啊，我相信这就是我们的友情，这就是曾经的友情。它不需要溢美的赞词，也不会披着虚假的笑意，只是肺腑之言的自然倾吐。因为，那是一份用真情和坦率搭建起来的友谊。

开在记忆深处的花朵

野菊花,和父亲一样的花。不去想能否成功,既然选择了远方,便只顾风雨兼程。正因如此,它和他——才是开在我记忆深处的花朵。

开在记忆深处的花朵

韩 梅

春天，你瘦骨嶙峋。当父亲亲手把那枝野菊花的枝条插进泥土里时，我不禁哑然失笑，问道："它会开吗？"当时那根枝条还未长出嫩芽，如枯枝一般，可以想象到不久它就会永远躺在泥土里，可父亲却说："会的，会的，我不也这样过来了吗？"我不以为然，父亲小时体弱多病，能活到现在全靠奶奶的照料。这野花又没人照看。此后我便不再过问了。

夏天，你风华正茂。天热时我躺在椅子上在树下乘凉，偶尔瞥见井旁长得很疯的绿色，快比栅栏的黄豆还要高了。仔细一看，原来是春天插下的野菊花。这哪里还是春天时的瘦骨嶙峋的模样，它已然是风华正茂。只见野菊花又从根部长出分枝，分枝上又长出新叶，一派生机。看来我当初的结论下得太早了吧。现在正如父亲所说的"会的，会的"。听母亲说父亲年轻时也挺俊秀，身材高大，与小时相比又是另一番面貌。

秋天，你傲然开放。放学回家时，只见井边闪出了几朵小花。白色的花瓣，小小的黄蕊，看了真叫人喜欢。虽没牡丹的艳丽，但在这秋天开放，足以证明它有顽强的生命力。闻一闻那芳香真沁人心脾。虽没有家菊般浓郁，但能承受磨砺长到现在，足以证明它顽强的生命

力。

看到这花又想起了父亲。他虽早年丧父，体弱多病，但在逆境中成长，很快在我这个年纪，他就能做许多我做不到的事。在外打工受食堂老头欺负，强忍着；孤身一人去崇明岛，仅十六岁……不管路多难走，他都熬过来了，才有了现在的傲然开放。野菊花，和父亲一样的花。不去想能否成功，既然选择了远方，便只顾风雨兼程。正因如此，它和他——才是开在我记忆深处的花朵。

难忘的科学体验

黄铭哲

"体验科学"巡回展一路向南，终于来到我们的家乡——美丽的小县城临澧。这不，我们学校师生排着整齐的队伍来到展出地博物馆，欢声笑语洒满了一条条街道。

在博物馆前宽阔的广场上，我们参加了隆重而盛大的启动开幕式，尖叫声一浪高过一浪。当然，之后的参观体验，更是让我们兴奋无比。

刚进展厅，五花八门的体验仪器让我们看得眼花缭乱。我们像一群无拘无束的小鸟，东瞧瞧，西看看。展厅里人头攒动，热闹极了。忽然，我眼前一亮，锁定了"火线冲锋"。我拿着铁环，顺着铁管向上移。"嘟——"一阵刺耳的警报声响起，吓得我的心都悬到嗓子眼儿了，难道这仪器坏了？我连忙将铁环放回原位。这时，工作人员告诉我："这是在测试你的手眼协调能力,铁管一碰到铁环,就会发出警报。"我恍然大悟,继续冲锋。可是,铁环似乎不听使唤了,"嘟嘟"声不绝于耳,每响一次,我的心里就像压了一块大石头。我丝毫不肯松懈,牢牢地盯住铁环,像盯着什么绝世宝贝一样。终于,我以铁环碰触铁管七次的成绩顺利冲锋,站在一旁的同学也连连为我叫好。

我蹦蹦跳跳地寻找下一个目标,随着人流来到大厅右边。那里架着一座摇摇摆摆的吊桥,上面只是间隔铺着几块小木板,桥两边各有一条大铁链。已经有三五成群的同学在排队等候了。正在体验的同学,一脸惊恐,扶着旁边的铁链,进退不得。我想:一定是他头上戴的黑眼镜搞的鬼,我今天非挑战成功不可。

从桥上下来的同学一个个都捂住胸口,喘着粗气,一副惊吓过度的模样。终于轮到我了。我深吸一口气,昂首挺胸地走上桥。工作人员笑盈盈地递给我一副黑眼镜。刚戴上,场景便焕然一新:天上下着鹅毛大雪,眼前是连绵起伏的雪山,下面是深不见底的冰河,而我,正站在破烂不堪的吊桥上。万一不小心掉下去,真是死无葬身之地呀!

我牢牢抓住铁链,感觉手上的青筋都向外鼓出来了,硬着头皮走了几步,嘿,一切正常!我放松了,抬头仰望,忽然,一块拳头大的冰雹迎面砸来,吓得措手不及的我只好紧闭双眼,站在那里一动也不敢动了。

过了几秒,在大家七嘴八舌的催促声中,我小心翼翼地睁开眼睛,继续往回走。突然,吊桥剧烈摇晃起来,下面的冰河张牙舞爪,波涛汹涌,要把我吞没似的。一阵晕眩顿时袭击了我。过了好一会儿,我才缓缓地清醒过来,心里是十五个吊桶打水——七上八下。我再也无心欣赏这"美丽"的雪景了,干脆一不做,二不休,闭着眼睛灰溜溜地走下了这可怕的吊桥。后来,我知道这是VR技术支持的效果,让人如同身临其境。真没想到运用这么先进的科技,竟然有如此逼真的体验!

就这样,我陆陆续续参观体验了许多项目:有巨大的黑球影院,有食物金字塔,还有无形的力……大家也和我一样,玩得兴致勃勃。博物馆里人声鼎沸,成了欢乐的海洋。

"嘟——"一阵口哨声响起来,该集合了,我们只好依依不舍地离开了。这次活动,既让我们增长了科学知识,又体验到了科学的神奇,真爽!

第一次当志愿者

王家瑞

快乐的周末即将结束,可有件事情一直让我发愁:周末作业有一项内容是要求我们参加志愿活动,但我一直没有找到合适的机会。怎么办?妈妈提议说:"要不,你去邻里中心图书馆体验一下当图书管理员吧?""好!这个应该很简单!"我马上拉着妈妈,一路小跑赶到了图书馆。妈妈跟图书馆的阿姨说明来意,阿姨笑眯眯地说:"好啊,欢迎小帮手,跟我来吧。"

阿姨把我带到书架前,从堆积如山的小推车里面挑了两本书,说:"喏,这两本书的编号都是I开头的,所以它们应该归为一类。后面的三位数字964和928是序列号,放到书架上的时候尽量按序列号的顺序放。"阿姨翻开书页,继续说:"你看,这本书的书角卷起来了，在整理的时候，我们要把它弄平整，这样下次就不容易卷了。"我连连点头，跃跃欲试。

终于该我大显身手了。我照着阿姨的样子，把同类编号的书找出来放在一起。接下来就该把它们送回书架了，可那些书的编号五花八门，我不知道对应的书架在哪里，急得像只无头苍蝇，撞来撞去。无奈，我只好去请妈妈帮忙。妈妈说："我们来找一下编号的规律吧。"我们从最外面的书架找起，发现最前面的是A、B、C类。我兴奋地说："原来是按英语字母的次序排列的！"妈妈笑着说："这就叫磨刀不误砍柴工。做事情的方法对了，就能事半功倍。"

果然，发现规律以后，书本就像会说话一样，顺利地指引着我把它们放到正确的位置上。我开心得像只快乐的小鸟，以电影里快镜头的速度，在书架之间来回穿梭、忙碌。要不是图书馆里要求安静，我真想哼点小曲儿呢。在放书的过程中，当我发现一些书放错了类别时，我就让它们回归原位；当我看到自己喜欢的书时，就留着等会儿借回家看，真是一举两得。

不知不觉，一个小时就过去了。我的手有点儿酸，不过，看着摆得整整齐齐的书架，我很有成就感。

我的奶奶爱豫剧

郭语涵

"白天去种地，夜晚来纺棉，不分昼夜辛勤把活干……"我又

听见奶奶开腔唱起来了。以往呀,听到这声音,我不是躲开,就是溜走,这次,我却很有兴致地坐在奶奶身边,认真听起来。告诉你吧,如果不是老师布置的作业——了解家乡的特色,我才不愿意听奶奶唱呢。

奶奶一边择韭菜,一边唱,手中的菜来回晃动得极为规律,原来是在打节奏呢。你还别说,仔细一听,奶奶唱得有板有眼,该快快,该慢慢,该高高,该低低,特有韵味。一曲唱完了,我插上一嘴:"奶奶,您唱的是豫剧吧?"

"是呀!是呀!"奶奶连声说,"你听出来了?"

"那当然了,咱是河南人,还能听不出豫剧?"

"嘀,听口气你对豫剧了解得还挺多呀!"

"不不不,我哪里了解呀?奶奶,您给我讲讲呗。"

奶奶一听,可来劲儿了,把手里的菜往筐里一搁,挺起胸脯,仿佛找到了她当年登上讲台的感觉:"豫剧,也叫河南梆子,激情奔放,有阳刚之气。咱河南人大气,所以就好演大场面戏,人人都爱听。"

我忍不住问:"那唱词一定很简单吧?"

"当然了!"奶奶一副很懂行的神情,"豫剧唱词,一般都是七字句或十字句。豫剧分四大板类,流水、慢板、二人板、飞板……"奶奶饶有兴趣,说起来滔滔不绝。没想到,一个退休的乡村小学教师对豫剧这么了解。

我又问奶奶:"奶奶,您都知道哪些豫剧名流,他们演的剧目是什么?"奶奶眯着眼睛,笑了笑说:"这个你可难不住奶奶。常香玉的《花木兰》、马金凤的《穆桂英挂帅》、虎美玲的《大祭桩》、贾廷聚的《三哭殿》、李树建的《程婴救孤》……"奶奶掰着手指说个没完没了。

跟着奶奶,我也喜欢上了豫剧。奶奶看《梨园春》,我也凑过来津津有味地欣赏。

贪吃的教训

马家营

那一次，我因为贪吃，尝到了苦果。

那是一个周六下午，我和几个同学排练完舞蹈节目后，走在回家的路上。"咕咕！"我那不争气的肚子又开始叫了。大家听了都笑了。"笑什么笑？我只不过是肚子饿了。"我歪着头气呼呼地说。"我也饿了，咱们去买点点心吧？"一个同学建议。"好啊！"大家异口同声地回答。我看到前面有个小摊，是炸土豆条！我最喜欢了。于是，我们几个凑上前去，一股股香味扑鼻而来，馋得我口水直流。"阿姨，炸土豆条多少钱一盒？"我问。"两块钱一盒，三块钱两盒，很香的。""那就来两盒吧！"于是我们几个人凑足了三块钱，买了两盒炸土豆条。不一会儿，土豆条炸好了。我们津津有味地吃了起来，正在这时，妈妈不知从哪里冒了出来，站到了我面前，我见到妈妈，又惊讶又矛盾，心里像是打翻了的五味瓶，不知怎么说。我手里捏着炸土豆，刚才的美妙滋味全跑光了，我一心想着要不要把土豆条丢掉呢？我不好意思地靠近妈妈，一边无趣地吃着，一边用余光注视着妈妈的神情，只见她一脸的严肃，一句话也没有说。我心里忐忑不安，害怕回家后会被妈妈挨揍。我就像掉进了无底洞一样，不知该如何是好。回到家里，妈妈只是忙着做家务，还是一言不发。

晚饭后,我觉得浑身不舒服,正准备早些睡觉。"哗!"我到底还是吐了,妈妈见我吐得满地都是,急忙跑了过来,心疼地扶住我,只说了一句:"小摊卖的土豆不能吃,那个不卫生!"听了妈妈妈说的,我好后悔,要是不贪吃,就不会像现在这样了,我浑身难受极了!

因为一时嘴馋,我付出了代价。我想,其实做任何事情,都要考虑后果,千万不能够图一时之快,那样只会带来更大的伤害!

卖千层饼的夫妇

贾心悦

今天,我在回家的路上发现,那卖千层饼的小店开门了。

每周五放假回来,看到饼店的门仍然关着,总是想:天气变暖了,那卖饼的夫妇该从安徽老家来了吧。

我高兴地赶回家,丢下书包,掏出钱,直奔那饼店。

饼店还是老样子,窄窄的,矮矮的,没有显目的招牌,在热闹的大街边毫不起眼。店门口摆着一张桌子,妻子卖饼用的;小店里贴着墙放一张桌案,丈夫和面用,紧靠着的是一台烤炉。一切还是那样简单、干净。

他们做的千层饼用料实在,味道纯正,周围的人都爱吃,去年他们就在这儿,我家经常买。

来到饼店前,呀,店前已经站了很多人,他们的消息好快呀!

终于轮到我了,我递上了五元钱,对阿姨说:"阿姨,买五元钱饼。"阿姨应道："好的。"她把这一炉剩下的饼用竹夹夹到电子秤上，随即说："不巧，还差一点点，你等会儿，好吧？"我点了点头。阿姨边把饼装袋边笑眯眯地对我说："哟，悦悦长高了很多耶！学习紧张吧？"我笑了笑，答道："还好！"阿姨拍了一下手，说："那就好，要注意身体呀！"

饼终于出炉了，阿姨切下一块，放进袋里，包装好，递给我，说："让你久等了！"我接过袋子，高兴地跟她说了声再见，走开了。

我停在不远处，看着卖饼夫妇忙碌的身影，想到他们才三十多岁便有了不少白发，心里有种说不出的滋味。

愿他们在我们这儿生活幸福！

小区新事

何烨涵

云霏散，一束阳光从西天遥射而来，照在花园中。晚风微伏，涌起阵阵花海，摇曳的花枝上几珠晶莹的水珠映着携壶人离去的背影，夕阳斜照，形成一幅永恒的画面……

——小记

小区有新事，大妈们着急

亲爱的读者们，你们一定在想：有什么事能难倒中国大妈？当然有。现在我宣布一个重大消息，大家听好了，我镇为提升城镇绿化覆盖率，现勒令那些擅自在小区花园上建菜园的用户一个月内清除，不得有误。

此讯一出，惊爆大妈。要知道，那小小的菜园可倾注了大妈们的心血，其集多种用途于一身的实用价值更备受大妈重视。大妈谓谁？自然是那些"菜市口叉腰而立，凭三寸舌，战各路商贩"的退休巾帼。开菜园，经济、方便、省钱、省事、还健康。平时浇浇水、施施肥，这对赋闲的，除聊天、串门、带孩子之外就无所事事的大妈们消磨时间是很有帮助的。

拆清不顺利，横出钉子户

迫于政府的勒令和感于政府的说教，不论满意不满意的大妈们大都明白错误，让施工队铲除蔬菜，重建花园，但有一人例外：王妈。

王妈五十来岁，已现白发。一个人辛苦把儿子拉扯大，儿子有了好工作但路远不易归家，王妈又舍不得离惯的老地方。儿子只好每月寄钱回来，所以，我常常看见王妈终日坐在小凳上打毛线、择菜。目光专注，身形犹如一座雕像。午后，她的影子被拉得越来越长……

后来，她跟风在花园中开辟出一方小小菜园，投入的时间渐长。有人说，王妈都快把菜园看成自己的儿子了，又怎肯拆园呢？

菜园变花园，春色溢满园

由于自小常去王妈家玩，周末我便去探望王妈。我和王妈一起谈起电视上的新闻，后又听她唠叨着往事，看着王妈高兴，我告诉了她开菜园的不好，并劝她改种花园。

一日傍晚归家，见王妈的菜园已改造完毕，王妈正在浇花，西山的斜阳照在王妈脸上，夕照填平了皱纹，残红染亮了银发，静谧、美好。花瓣上水珠点点闪烁着霞光……

小区虽小，新事很多。

挫折也是一种美

高祖贤

人的一生，没有播种，何来收获；没有辛苦，何来成功；没有磨难，何来辉煌。其实，挫折也是一种美丽，挫折也能使人走向完美，关键看我们能否战胜它，顽强地面对。

人生的酸甜苦辣应当自己尝一尝，坦然地面对，勇敢地尝试。

暑假的一天，我和哥哥一大早就起床去登山了。早晨的空气格外清新，呼吸着清爽的空气令我格外轻松。一路上，我们边走边聊，还观赏着路边美丽的风景。当我们登到半山腰时，我已经疲惫不堪了，但我告诉自己一定要加油，于是我又充满了自信向山顶奔去。

可是正当我高兴时，我一脚踩到了一块石子，于是我的脚就不听使唤地滑了下去，石子跑了，而我却踩了个空，整个身子都扑倒在地上。我感到一阵疼痛，膝盖上破了皮，血也流出来了。我咬紧牙关，努力地爬着，在路边摘了一些草把血擦干净了，又一步一步艰难地爬着。豆大的汗珠顺着我的脸颊滚落了下来，把我的衣服都流湿了。我依旧咬牙坚持，不辞辛劳。皇天不负有心人，我和哥哥终于爬到了山顶。我看到了绚丽无比的太阳，于是我放声大喊："我终于看到你了！"太阳似乎看到了这一切，慈祥的笑容，更加灿烂了，洒落在每一个角落。

挫折是一种美丽，它能加速人的意志成熟，它能培育人的性格成熟。只有能承受失败的痛苦，才能得到成功的欢乐。

阅读伴我成长

吴若绪

从小我就爱看书，几乎书不离手。至今还记得六七岁时做的一个奇特的梦：我拿着一本书津津有味地看，特别入迷。这时，听妈妈说，睡吧，很晚了，我便躺下，把书放在枕边，生怕不见了。梦醒后，我下意识地摸了摸枕头边，发现那本书已经无影无踪，我几乎将床上翻遍了，可还是没找到那本书。我急得大哭。妈妈看到我莫名其妙地哭，问："怎么了？丢了什么东西？"我问："妈妈，你看到放在枕头边的那本书吗？"妈妈摸不着头脑，困惑地说："什么书啊，我没看到过你枕头边放过什么书啊。"咦？明明把书是放在枕头边上的呢？妈妈忽然说："会不会是你在梦？"听了妈妈的话，我想了想，恍然大悟：原来是做了一个梦。我现在想起来：说不定，那时就决定了我和书是分不开的了。就像被强力胶水粘住那样，怎么扯也扯不开。

我特别喜欢宅在家里看书，由此，也引发了有趣的故事。

那天，同学喊我去玩，我从窗户回答："等等我，马上来！"

我低下头的瞬间,看到了那本刚刚从淘宝买回来的书。那本书我可是喜欢了很久的,现在终于到了。我立刻把刚才的事情抛在了脑后,欢天喜地地捧起书看了起来。突然,我脑袋被敲了一下。"哎哟,谁?谁打我呢!"我生气地说。"是我。"听到这个声音,我立刻僵住,像机器人那般抬起头,对上了朋友那双生气无比的眼睛。"啊……哈哈……你怎么来了?"我挠挠头,尴尬地说。朋友怒气冲冲地说:"你这个没良心的,知不知道我在下面等了你多久啊,啊?""不知道。"我特别老实地回答。说完之后立刻感觉不对劲,赶忙又说:"你看,我这不是看书去了嘛。"朋友点着我的额头,无奈又生气地说:"看看看,干脆和书生活算了,你这个书呆子。有必要看得这么专注吗,连我刚才进来都没发觉。"我摇着她的手臂,说:"好了好了,咱们玩去吧。"她瞪了我一眼,说:"你这人啊,是要书不要朋友。"我嬉笑着说:"书重要,朋友也重要,两个我都要。"我们都哈哈大笑,愉快地走出家,仿佛没发生过那一点儿小插曲。唉,书,你真是太令人上瘾了。

有人说,我家是书香世家,那股看书的劲儿,想不被感染都不行啊。我想,也是。我爸爸是一个语文老师,从小就教育我们读书,读书。他除了写作外,几乎课余时间都去与书做伴了。听到别人说,他(她)不喜欢读书,我总是会说:"书有什么不好的,那么大个世界,都是属于你自己的。况且,总比闷在家里一个劲儿地打游戏看电视,把视力耗掉要强百倍吧。"别人总会被我堵得哑口无言。

那一页页印满字的世界,是属于读书的人的,也是属于喜爱它的人的。

长大的感觉

傅 宣

长大的感觉是不会总像糖果一般甜的。它随着时间的沉淀,慢慢融入别的滋味,融进了甜美酸涩,融进了成长。

小 时 候

还是小朋友的时候,长大应该是件有魔力的事。可以轻易拿到柜子最上面的书,可以从容地讲一个精彩的故事,可以让别的小朋友崇拜自己,所以我们热切盼望着长大,那是一块可爱的橡皮糖。

长 大 些

上了学,长大的感觉是一种荣耀。爸爸妈妈说的"长大了"无异于最高的奖励。我们一点点地明白做人最基本的道理,去背负一些应有的责任,懂事了,就意味着长大了,这是一种看起来很神圣的使命感。

现在觉得,长大并不全都是好事了,毕竟不能再像以前那样任性,不会再有人哄着自己玩。因为现在个子长得高,所以有些事总会比别的同学方便一些，可以毫不费力地挺直背看到黑板，看见别的同学左右探着身子便忍不住偷乐。回老家的时候，亲戚们都会七嘴八舌地说："个子高不长脑有什么用？"而想要哭泣的时候，甚至都会觉得丢脸，生怕别人会说："这么大了还为这么一点小事儿哭，真不懂事！"但是到底是"年岁的沉淀"，我也不再像过去那么幼稚而好哭，我渐渐懂得青涩眼泪的存在是为了激励我们奋进。于是，长大的感觉变成了品尝又酸又甜的青橄榄。

再长大些……

再长大？我努力地眺望，但看不到未来的路，只有一串脚印凌乱地印在我来时的路上。

尽管看不到明天，但我已经在路上，不管是酸甜苦辣，还是喜怒哀乐，长大都是我们无从抗拒的。那些或苦或甜的感觉，终要成为又一个新印下的脚印。

我们正在长大。

那天，我独自在家

黄敬威

那天早晨，我从睡梦中醒来，慵懒地喊了声："妈妈！"可是，没有人回应。这时，我发现枕边有一张纸条，上面写着："儿子，妈

妈有事出门了，早餐在桌上……"我在心里抱怨：让我一个人在家，多无聊呀！

吃过早餐后，我正在客厅看电视，突然，雷声阵阵。我嘟哝着："这是什么鬼天气，刚刚还阳光灿烂呢！"我猛然想起衣服还没收，于是，赶紧跑到阳台上收衣服。

我手忙脚乱，不小心将一条裙子落在了楼下的晒衣架上。怎么办？那可是妈妈最喜欢的裙子呀！此时，乌云压顶，真的快下雨了。可是，我最怕和陌生人打交道了。

思来想去，我还是硬着头皮下了楼。犹豫好久，我按响了门铃。开门的是一位阿姨，她诧异地问："你有什么事？"我紧张得结结巴巴："我妈妈……下雨了……裙子……"

阿姨微笑着说："别着急，孩子，进来慢慢说吧！"阿姨态度很和蔼，让我消除了紧张。我深吸一口气，慢慢放松下来，终于完整地说出来访的原因。

阿姨听完，立刻跑到阳台上，将妈妈的裙子收进来，递给我。这时，外面下起了瓢泼大雨。

我红着脸说："谢谢您，阿姨再见！"正要走，阿姨拉住了我，塞给我两块巧克力，热情地说："这个给你吃，有空下来玩啊！"

妈妈回来后，我把经过告诉了她。她若有所思地说："嗯，我也要谢谢楼下的邻居！"同时，妈妈也很高兴，因为我克服了自己的心理障碍，不怎么害怕陌生人了。

以后，我要多与人打交道，我相信我一定可以做得更好。

门牙的烦恼

鲍润清

听妈妈说，小时候，我的牙齿长得很漂亮，白白的，亮亮的，排列得整整齐齐。可换牙后，我的两颗门牙变得大大的，歪歪斜斜的，还往前凸，两颗门牙之间还有一条大大的缝隙。我稍微一笑，两颗大门牙就露了出来。每次别人看到我，首先要对我的门牙指指点点。热心的人们总是问我妈妈："你儿子的牙齿怎么长成这样，看医生没有？"听到这些话，我就羞得无地自容，紧绷着嘴巴，再也笑不出来了。

因为这两颗门牙，连小孩子最喜欢的照相，对我来说，也变成了一件苦差事。每次班里照集体照，老师总是要求大家要尽情开怀大笑，可我一笑，两颗大门牙就露了出来，老师总会喊："鲍润青，嘴巴闭一闭，把两颗大门牙藏起来！""哈！哈！哈！"同学们个个捧腹大笑，那几个"猴子"还特意向我挤眉弄眼呢！我在心里暗叹："这烦人的大门牙，可把我的形象给毁了！"

这两颗门牙，不但让我的形象大打折扣，连吃东西也很受影响，什么甘蔗啦、糖葫芦啦，我都无缘品尝，就连苹果我都很少吃，只能吃那种面面的花牛苹果。可我多想吃脆脆甜甜的红富士啊！有一次我坐在红富士苹果堆成的小山上，尽情地吃着，吃得肚子圆滚滚的，醒来才知道是一场梦。

我的大门牙呀，你真是让我烦恼不已。可妈妈说还没有到纠正的时候，看来这烦恼还得和我如影相随。我什么时候才能和你说拜拜呢？

独自逛超市

饶悠然

晚上，为了完成老师布置的实践作业，妈妈把我带到沃尔玛超市门口，交给我一百元人民币，让我独自进去购物。

我在超市门口拿了一个蓝色的购物篮。我拖着篮子，乘坐电梯来到了三楼。三楼是非食品区，我想要的文具就在这里的文具区。下电梯后，我直接朝前走，发现这里是摆放衣帽的区域。我有些发愁，沃尔玛超市这么大，在哪儿才能找到文具区呢？我边走边瞧，经过了日常用品区、玩具区……终于，文具区到了！

文具区一共有两个大货架，上面密密麻麻地摆满了文具，品种实在是太多了，我挑了半天也没有找到自己心仪的文具。突然，我眼前一亮——那不正是我最喜欢的橡皮可擦笔吗？哇！价钱实在是太实惠了！三支装的可擦笔套装在我们学校门口卖八九块钱，在这里竟然只要七块钱。我立刻将它放进购物篮，空闲了半天的购物篮总算有"玩伴"了。

接着，我又在附近逛了起来。我发现，这里竟然有我梦寐以求的风琴式隔层包。以前妈妈总是嫌贵不给我买，这次我自己做主，一定要将它拿下。我选了一个最漂亮的深蓝色风琴包放进购物篮，心里偷偷地乐着。

挑了一会儿文具之后，我在沃尔玛的墙上发现了一个奇怪的小屏幕，小屏幕下面有个发着红光的框框，屏幕上写着"请将购件条码放到下面框内对准"。我拿出深蓝色的风琴包，找到条码，对准了框框下面的红光。只听"嘀"的一声，屏幕上出现了几个字：28.9元，复古式风琴包。我猜，这肯定是一台价格扫描机。于是，我把购物篮中的物品一一对准扫描红框进行扫描，再把显示的价钱加了起来，发现并没有超过一百元，我还能继续购物。

我来到二楼的食品区，买了两袋零食，心满意足地到付款台排队结账。好不容易轮到我了，我竟然紧张起来，担心收银员叔叔会嫌我年纪小。我将物品放到付款台上，收银员叔叔将它们全部扫描了一遍。他和蔼可亲地对我说："一共收您七十二元五角。"听到这个"您"字，我不由得一阵窃笑，原来，大人也可以这样称呼小孩儿啊！

自己出来购物可真有趣！

咀嚼生活的真味

李慧琴

在老家小巷的那个拐角，有一位老人在那里摆了个面摊。店不大，三个人在里面，转身都有点儿难。但这个小摊的生意却异常好，忙的时候，会有好多顾客在那儿排着队。

老人姓王，看上去年过花甲了。衣着干净朴素，没有皱褶，洗得发白。头发半白半黑，前额的那一撮碎发，用一只带有古典韵味的发卡别着。她总是笑盈盈的，眼睛眯成一道曲线，一副慈祥的模样。

那天，妈妈叫我去买些水面回来晒晒，我便径直往王奶奶的面摊走去。

正是饭前，各家都忙着烧饭呢。面摊不忙，一个人都没有，老人正在洗刷面盆、擀面杖等。我上前问道："王奶奶，还有水面吗？"她立即放下手中的活计，笑着点点头："有呢。丫头，你要多少？"我竖起一只手："五斤。"她应了一声，便去称面给我。

她的动作不快，却很娴熟，有条不紊。也就在这当儿，我和她搭讪起来。

她说，她的老伴十年前死于车祸，让家里失去了顶梁柱。不能总依赖政府的救济金，于是就出来摆个面摊，希望能补贴家用……

称好后，我发现老人店里的水面已经所剩无几，老人也转身回到案板，开始揉面。她一遍又一遍地搓揉，碾压，不厌其烦。我很好奇，怎么要费那么多功夫。老人笑了："傻孩子，这样做出来的面才有嚼劲啊。"

看着案板上的面团，白白的，还泛着点儿乳黄，阳光下，似乎就是一件等着雕琢的工艺品。我恍然大悟：生活不就是那块面团吗？只有反复地揉，不停地擀，不断地碾压，才能让它劲道，才能让它回味无穷，才能让它接近完美啊。

带着这样的遐思，我缓缓离开面摊，往家走去……

雨中，那浓浓的爱

郝梦婕

> 当那黑色的身影奔跑在雨中，我仿佛看到，那浓浓的爱。
>
> ——题记

雨很大。天空阴沉，闪烁着诡异的光。我站在学校旁的银行门口，边避雨边焦急地等待着。

"唉！怎么还不来？"我暗自埋怨着。好多次我都提出自己上学，但你总是不同意。"这一路车太多，很危险，我不放心，况且我上班也顺路。等上初中你再自己走吧！"可现在……看看表，已经过去十分钟了。以往只要我放学出来，准能看到你站在校门口等我，今天怎么回事？"真是的，有事儿也得先通知一声吧！"心情或许是被这糟糕的天气影响了，我低声埋怨着。

十五分钟过去了，二十分钟过去了……

当我打算自己走回家时，眼神突然一凝，不远处，一个黑色的身影在一路小跑着向我奔来。

"哈哈！"我兴奋极了。但同时也带着些不满："为什么那么晚啊？你不知道我等了多久吗？"

你的黑色运动服已然湿透，抹着头上的水，笑道："对不起啊，学校今天下午突然开会，这次会很重要，不能提前退场来接你。儿子，你没事儿吧？有没有被淋到？衣服湿了吗？"

听着你一连串急促的话语，我心中仿佛被什么东西狠狠地敲打了一下，猛然升起一种惭愧，一种负罪感。不说你来晚有因，你不顾自己先问我的情况，便让我先前那种不满一扫而光，取而代之的是一种感动。这种感动令我在不知不觉中竟有些泪眼模糊。

"今天下午我没带伞，因为走得急，我也没来得及跟同事借一把，你等着，我到对面的超市买把伞，不然会把你淋感冒的……"你抚了把额前湿漉漉的头发急急地说着，还没等我反应过来就跑进雨中。看着雨中你奔跑的身影，我心中一痛，牙齿紧咬嘴唇，忍住了在眼眶中打转的泪。

"有伞了！走吧儿子！"你兴奋地在一旁给我打着伞。看着你潮红的面庞，湿漉的头发，那种强烈的负罪感又涌上心头。你为我付出了那么多，而我，却在不久前还埋怨你！我垂下头，内心充满了懊悔和沉重。

雨，肆虐地下着。你把伞使劲儿地往我这边倾斜，一边走，你又开始滔滔不绝了。这往日听起来感觉很不爽的唠叨和问话，此时在我听来，却变得那么亲切，字字句句都充满着浓浓的关怀！我认真地答着，心田早已被爱所滋润。虽然下着倾盆大雨，但心中却被浓浓的母爱包裹，没有半点儿冰冷，雨水将我的衣服打湿，但我心不湿！唯有你对我的真切感动。

紧紧地抓住你的手。你惊诧道："咦，以前你不是总觉得自己长大了，就不愿跟我拉手了吗？怎么……"我无言，手更紧，用我热乎乎的手去温暖你被雨水淋湿了的冰凉的手……

忘不了——

雨中，你那浓浓的爱。

秋这个季节

徐伟丽

> 我走,我停,我观,我悟。在秋这个季节。
>
> ——题记

我走啊走,在秋天的葡萄面前。

深秋的葡萄像含冤的眼睛,虽然被秋霜凌辱,却依旧鲜亮,晶莹剔透,闪着不肯谢幕的光。

我走啊走,在秋天的阳光面前。

阳光不再蹦蹦跳跳,像个顽皮的孩子一下子变成了少年,一下子就有了心事。阳光开始为那些在秋天哀愁着的人工作了,为他们摊开伤心的绿,晾晒着寂寞的红。

我走啊走,在秋天的流水面前。

秋时的流水是浩渺的,真的是浩渺。她总是一大波一大波的流,像是要尽快将肚子苦水吐干净似的。但她又从不哗哗地响,就只是流,安静地流。

我走啊走,在秋天的雨丝面前。

雨变成了雨丝,冷嗖嗖地清凉入骨。从夏天的轰轰烈烈一下子变成"愁永昼",她也是哀怨的,淅淅沥沥个不停。她又不如春那般缠绵，她是拖延，每一根她都极其小心，慢慢，慢慢的。

我走啊走，在秋天的天空面前。

天是惨淡的，凄惨的，他是"薄雾浓云"，时常还乌泱泱一片，当然，更多时候他是白色，或加几朵云用来装饰，倒不如说是遮掩吧！他是让人捉摸不透的，喜怒从不轻易显现。

我走啊走，在秋天的人面前。

秋天不得不说是个打盹的好季节，人们在秋天比夏天更容易犯困！睡后的人是极容易与秋景融为一体的。他们已然融为了一体！人是秋景，秋景含人。几夜萧萧雨，湿尽檐花，花底人无语。

静夜半，歌声妖娆，茶叶在杯中起浮，品一口清茶，捧一卷唐诗宋词，走过千年的哀愁，秋这个季节，最是朦胧，笼着光晕。

手 机 会

梁巧玲

今天要和以前的同学去聚会了，我兴高采烈地奔赴目的地。好友们陆陆续续地到了，坐下的同时掏出了手机。分享着学校发生的趣事，有的说到很想念他们，我看着他们淡淡地嗯了一声，眼眸根本没有抬起，一直在盯着屏幕。我真的很生气，难道这个聚会叫手机会吗？置身于热闹的场所却倍感寂寞，原以为手机是改善生活的科技产品，但是如今手机的发展好像是走上了歧路。

明明和你们在一起，却发现我并不和你们在一起。记得以前没

有手机的我们可以天南地北地聊，有着说不完的话，出去玩，约定好地点、时间，到那儿静静等候，不会一遍一遍地打着电话。那时一点儿小事就可以笑得很开心，快乐如此纯粹。但是现在坐在舒适的沙发上，享受着精致的下午茶，却个个面无表情。

我问他们："你们有什么有趣的事吗？"他们说："没有，每天都很无聊。"手机产品一代比一代新，几年前我们认为稀奇的事现在变得习以为常。我环视一周，发现周围的人都是相对而坐，各自拿着各自的手机。我再也忍不住，问："你们没有手机活不下去吗？"他们齐刷刷地回答："是啊。""那你们以前没手机是怎么过的？""不知道，反正以前挺幼稚的。""那现在你们是不是觉得自己很成熟？"他们没有回答，手指也没有停歇。我苦笑，发呆……原本美好的一天，就这样过去了。

我感到很失落，为我逝去的……

冬天陷在温暖中

桑海丹

冬天来了，真的来了。一朵朵雪花飘落下来，有丝寒意，也有丝浪漫。

有人说："冬天，是寒冷的。"而我说："冬天，是温暖的！"

那年，姥姥从远方来了。爸爸、妈妈都热情地欢迎着。而我却有点儿不高兴，因为她的到来，我被"遗弃"了。

那时候，我很孤单、寂寞，在那个家里，没有一个懂我的人。于是，我憋不住，傍晚，就说出去散心。"等一会儿，我再跟姥姥待会儿。咱娘俩儿一起出去！"妈妈的语气有些命令，也有一丝请求。"知道了！"说完，我本想摔门走人，但却又不敢。

迟疑着，但火气又涌上来，我终于忍不住，要出去了。没有满足感的妈妈又命令我道："你这样想到外面去，要不就陪你姥姥散散步吧。"

"不去！"

"你说什么？"

"我说'不去'！"

妈妈生气了，开口就说我："你这孩子，还懂不懂礼貌了呀！最起码的孝，都没有了吗？"

"有，可是不想，和你们没有共同语言。"

"什么没有共同语言，我看你是找打！"

这会儿，我是真生气了，像钢铁一样的手脚飞了过来，急奔。我已经忘了钢铁一样的手脚是妈妈给的。但我狠着心，把妈妈甩开，一口气就跑到了渣家门前，我的初意就是找渣玩儿的。老妈追了过来，我俩的第二战——口战拉开了序幕，经过十分钟的战乱，最终分出了输赢，我赢了。而妈妈留给我一句话："以后别回家！"

我哭了，渣跑下来安慰我，说："等我穿羽绒服。"我又哭了。哭了好久。突然发现，冬天没有这么冷过；我又哭了，因为老天也不理我了，我感到极端地无语。

渣又下来了，我停止了哭泣，渣说："陪你下来走走。"我们从中行走到了唐海公园，又回到了中行。我俩一路上说说笑笑，那些欢声笑语，赶走了我心中的痛苦。

走到了一半的时候，天下起了小雪，我并没有因雪的到来而难过，却越聊越开心。突然之间，我感觉没有那么冷了，而是越来越温

暖，暖到心的深处。

在这温暖而又不失浪漫的雪景中，我们不知不觉地到家了。此时，几小时前的情形又出现在我的脑海中。

我问渣："能在你家住吗？"她摇了摇头。

"你妈妈会担心的，相信你会处理好。"她像小鸟一般笑着哄我。

唉，只好回去了。她送我到楼下。老妈陪姥姥散步已经回来了，面对我，什么也没说，就给我烧洗脚水去了。

我知道，妈妈还是爱我的。此时此刻，我的身心陷在了爱与温暖之中……

冬天的我陷在温暖深处。如果，不是渣，我不知有没有勇气回家。

友情多像一把火，融化了我内心深处的积雪。而亲情，也很温暖。只是亲情，来得很硬、很硬，它何时变得温煦起来呢？

或许，是该我自问反省——你何时能变得宽容，不那么情绪化了？何时成为妈妈可心的"小棉袄"呢？

老爸种树我乘凉

徐 哲

中央电视台推出的"新春走基层《家风是什么》"系列报道里，一个个年龄各异、学问差别也很大的人，对着镜头娓娓讲出了他们家

的家风。这，也引起了我的思考。

还记得新生入校夏令营期间，一次晨跑，有个女生突然摔在我面前。我赶忙停下来。回头看老师，老师还在队伍的最前面；想叫谁搭把手，可还叫不上名字的新同学纷纷绕开了。是帮她，还是随队伍一起前进？答案是肯定的：帮！毕竟同学一场。"你没事吧？"我一边小心地问，一边蹲下身子吃力地扶她。她咧着嘴，眼泪都出来了。每动一下应该都很疼吧？我的动作更轻了，臂膀处也更用力了。老师赶过来看时，她脚腕都肿了！

随后，在老师的帮助下，我陪她回宿舍换了件干净衣服，又去医务室进行治疗。那几天，她那么依赖我，连午饭都非得我帮着打。我们成了好朋友。不知怎的，我总觉得她这个朋友是老爸送我的礼物。要不是受他影响，事发当时我也许会和其他同学一样事不关己，也就不可能收获她的信任。

我老爸自小家境贫寒，上头还有个大哥。考上高中那年，我大伯刚好结婚。"家有长子"的观念在当时非常流行。太爷把有限的养老钱都拿出来了，还给大家族施压，好容易才为老爸筹足了学费。当然，每一分老爸都记录在账，拿工资后的第一件事，就是还钱。

这些年，老爸在外打拼，吃了不少苦，遭了许多罪，终于也拥有了自己的小康之家。当年的借款早还完了，每到寒暑假，老爸还领我回家给太爷等长辈送好吃的好喝的。他也并没有因为爷爷奶奶当年的偏心而心生怨恨，每次看望也大包小包地带，成百上千地给。就连村里那个独自生活了大半辈子的五保户，逢年过节，老爸都会备份小小的心意带回去给他。

做这些，老爸从不多说什么。当时年幼，我也没有多想。现在我懂了，他这是以身作则，想让我知道我家的家风就是"知恩图报、心地善良"。老爸种树我乘凉！

我当"猪教官"

朱佳慧

每当想起童年时我做的那件事,我就忍俊不禁。

记得那天,外婆家的大肥母猪生了二十几头小乳猪,小猪仔个个粉嫩粉嫩的、肥嘟嘟的,我一下子就喜欢上了它们,于是我央求爸爸妈妈带回去一只,当我的宠物猪。爸爸妈妈坚决反对,我难过极了,吃饭都吃不香。

突然,一个新奇的想法在我脑中冒了出来:我可以当"猪教官",教小猪讲卫生、学算术,那样,爸妈就没话可说了吧!说干就干,我在猪圈里左挑右选,挑出了一只肥头大耳的"猪学生",它将成为我的宠物猪。

"开始上课!第一节课,你必须在厕所里拉小便、大便。"我手中拿着一根教棒,轻轻地拍打着小猪的屁股,对小猪发号命令。好不容易把它赶到了厕所门前,它却扭头跑了。如此反复了几次,满头大汗的我终于将小猪赶进了厕所。谁知它出来的时候,又随地拉了一坨屎,臭气熏天,气得我打它屁股。

接下来,我要教小猪讲卫生,吃东西要文明。我在外婆家的厨房里东翻西找,终于找到了一个大西瓜,我随手抓起一把菜刀,"啪啪啪"几下,西瓜被我切得四分五裂。我拿起一块递给小猪,嘱咐

说:"乖小猪,慢点吃儿,吃东西不要发出声音!"我还没说完,小猪"吭哧吭哧"三下五除二就把西瓜给吃了。嘴巴上、身上都是西瓜汁。算了,我自己吃西瓜也会这样,就原谅它吧。我用西瓜皮给它做了一顶瓜皮帽。

第三节课开始了,内容是做算术题。我学着动物园里的饲养员,拿出一个题板,写了一道算数题,谁知小猪转身就溜了,瓜皮帽也掉了。它跑到瓜皮帽旁边,嗅了嗅。我得意地想:真不愧是我挑选出来的精英猪,和我一样聪明,丢了瓜皮帽,还知道去捡!可是我刚想完,小猪就把瓜皮帽给吃了个精光。唉,你真是个吃货!

第一次当教官,就以失败告终,这个猪学生又贪吃,又贪玩,我这个教官当得可真不容易!每当我想起这件傻事,就忍不住哈哈大笑。

我是快乐的赶花人

整片花海仿佛穿了一条彩虹蛋糕裙,有优雅神秘的"夜皇后"、鲜艳夺目的"琳马克"、清新淡雅的"奥利奥斯"、闪亮耀眼的"橙色之光"……芳香醉人,姿态万千,真是美不胜收啊!

怀一颗感恩的心

黄倩珊

生活中,母爱无处不在。母爱就是一杯清凉的茶,当你发怒时,会将你心中的怒火浇灭;母爱就是一件衣服,当你寒冷时,会温暖你的心灵;母爱就是一张创可贴,当你受伤时,会让受伤的地方痊愈。可你是否感恩母亲呢?

记得看过一篇文章——在石龙村有一位苦命的母亲,老伴三十多年前因故去世,两个儿子在二十多岁时相继得了一种怪病,无法行走,照顾儿子们的重担都压在她的肩上。后来,两个儿子的病情愈发严重,并且相继去世。在这三十多年中,她不离不弃,靠坚守的力量去细心地呵护,没有丝毫退缩与委屈,直到他们先后辞世。我想,辞世的儿子们一定感恩自己伟大的母亲吧!

现实生活中,父母常常把儿女当掌上明珠,什么好的都留给儿女先用。然而,有的儿女却认为这种关心和爱护是理所当然的,于是变得倔强起来,只会按自己的意愿来做事,更不要说感恩父母了。鉴于此,提出感恩就显得非常必要。

那么,怎样做才算是懂得感恩呢?

其实,感恩是很容易的。例如,当父母生日时,你能记得他们的生日,并给他们送上一份礼物或说一句祝福的话语。又如,当他们工作疲惫时，你能为他们捶捶背，递上一杯茶……

感恩在成功的人身上是随处可见的。例如法国科学家居里夫人，当她获得了诺贝尔奖后，仍然不忘她的恩师，并为恩师送上一束鲜花。

当树叶离开大树在空中翩翩起舞时，这是对哺育它成长的大树的感恩；当白云在蓝天上变幻各种形状时，这是对哺育它的蓝天的感恩。朋友们，让我们都学会感恩，让父母和亲人们对我们的关爱和汗水永不白流！

我是快乐的赶花人

梁潇檬

一个偶然的机会，我欣赏了妈妈小时候学过的课文《赶花人》。随着每年春天的到来，养蜂人都要引着蜜蜂，从南到北，沿着茂盛的花丛，一直赶下去。

我也是一个快乐的赶花人。

春寒料峭，我赶到了大昌湖湿地花卉园。数不胜数的郁金香已竞相绽放，走进花卉园的一刹那，我被眼前的美景惊呆了。整片花海仿佛穿了一条彩虹蛋糕裙，有优雅神秘的"夜皇后"、鲜艳夺目的"琳马克"、清新淡雅的"奥利奥斯"、闪亮耀眼的"橙色之光"……芳香醉人，姿态万千，真是美不胜收啊！

"一朝花海情，千古巫山恋"。来这里赏花游玩的人络绎不绝。

我手拿相机，自由自在地穿梭于五彩斑斓的郁金香中，兴高采烈地赏花、拍照。看看周围的人，他们难道不是和我一样，也沉浸在这花海之中吗？

三月的曲尺，春风送暖，桃红李白，我漫步在花丛中，心旷神怡。诗人岑参曾写"忽如一夜春风来，千树万树梨花开"，而这里却是花如漫天飞雪。一阵春风拂来，花瓣随风飞舞，美不胜收。

透过那一簇簇楚楚动人的花朵，我仿佛看到了农民伯伯丰收时一张张朴实憨厚的笑脸。曲尺的脆李酥脆、香甜，柑橘个大、味美，每当果子成熟，各地的商家都赶到这里抢购。曲尺真不愧为水果之乡啊。

大气转暖，我又随着花香赶到了官渡。两万余亩油菜花渐渐绽开了美丽的笑脸，金黄色的花海把乡间装扮得格外美丽。我只身坐在软绵绵的大草垛上，柔和的阳光洒在身上，是那么温暖，那么惬意。放眼望去，那金灿灿的油菜地真是令人赏心悦目、心旷神怡。

站在金黄的油菜田里，朵朵耀眼的小花随着温和的微风扭动着柔软的身躯，一个个亭亭玉立、婀娜多姿。游客们在花丛中闻花嬉戏，一张张笑脸与花儿们交相辉映，犹如一幅幅灵动的油画，镶嵌在乡间的田野上。

……

温暖的春风，吹出了一个个温馨浪漫的"桃花源"，也乐坏了像我一样的赶花人。

我是螳螂大侠

刘涵宇

瞧，那绿色的身影是什么？哈哈，当然是本"大侠"出场了。

我的真实身份在昆虫世界里可是数一数二的大明星，大部分昆虫都很怕我，有时就连大型昆虫都怕我呢，哈哈，到了公布我身份的时候了，本"大侠"名叫螳螂！

下面我来自我介绍一下自己的特性吧：我们的头部可以灵活转动，还有翅膀和三对足；前足是一对粗大镰刀状的捕捉足，上面还长着钩状刺。我们只吃害虫，是有益昆虫哦！

我是一只美少女螳螂，想到长大后要吃自己的夫君，真有点儿难过，哎，还是别想了。先来说说自己的特征吧：我长八厘米，我的食欲、食量和捕捉能力都大于雄性，正如人类所言"巾帼不让须眉"！我的种类有很多，全世界已知2000多种，中国已知110余种，我属于中华大刀螂，因为我前边捕捉足格外锋利，像大刀一样！

好了，说了这么多，我也饿了。我得去捕食了。我来到一片大草原，左看看，右瞅瞅，突然，我发现一只蝗虫，哈哈，今天的午餐就是你了！我用不超过0.5秒的时间就捕捉到了蝗虫，津津有味地品尝着我的午餐，就在我快吃完时，一只大手把我捉住了，我拼命挣扎，可是无济于事。我被"小巨人"们带到他们的房子，刚把我放下，我就用就火箭般的速度往门外冲,可惜我失败了,又被巨人们放在了地上,我愤怒地攻击它们,可一点儿用也没有,它们把我关了起来,我好几次试图跑出去,可最终还是都失败了,后来我累得筋疲力尽,也就不跑了。

不知过了多久我趁人家不注意时,成功脱逃,真是高兴极啦!过了几天,我又找到了如意郎君结婚,可新婚夜为了宝宝们的平安降临,我含着泪水把郎君给吃了,后来,我生下了几百只小宝宝,现在的我过得很开心!

好了,我的故事就讲到这里了,以后我会带着很多的"大侠"去闯世界!

怪异的春风

高晨怡

早晨上学时,坐在摩托车后座的我冷得直哆嗦,阵阵冷风从裤管往里钻,我腿上的汗毛都竖起来了,身上的热气一下子跑得无影无踪。我虽然缩着脑袋,可"呼呼"的风仍然吹得我睁不开眼睛,我的眼泪都被吹出来了。我忍不住埋怨:"这怪风!哼!"

记得前些天刚入春时,那风吹得可舒服了,暖暖的,像个温柔的仙女在抚摸着我的面颊。现在呢?风就像一把刀,割得我的脸一阵阵刺痛;又像一个大魔头,正张牙舞爪地向我扑来!

瞧,大街上,人人弯腰缩头,连树木都耷拉着脑袋,一点儿精气神儿都没有。灌木紧挨在一块儿，像"挤麻油"似的抱团取暖……

中午，该出去吃饭了。我皱着眉头，把手伸到窗外——天哪！大风也就罢了，居然还下大雨了！我拿出"老雨伞"，拍拍它说："可别被风刮飞上天了哦！"

去吃饭的路上，雨伞还好好的，回来时，它就顶不住了。它在我的手中拼命挣扎，好像想做一回"升空伞"。我死死地抓住伞柄，真想一步就跨进教室。风越来越嚣张，仿佛非要将伞刮上天空才肯罢休。伞也好像听到了风的召唤，一个劲儿把我往后拉。好朋友看到这一幕，上前和我一起抓住伞柄，奋力向前跑。可最后，伞还是被风掀翻了，伞骨弯了好几根，还断了一两根。我真希望自己能有孙悟空的本领，能让这大风大雨立刻停止呀！

风，曾经像仙女抚颊一样温柔；风，曾经像来自雪山一样凉爽……可今天这阵怪异的春风却让我充满了埋怨！

风，你能温柔点儿吗？

时间都被晒掉了

吕昕晨

随着一声清脆的提示音，手机屏幕亮了，映入眼帘的又是"××同学在微信上再次成为领导人"这样的消息。

我本打算眼不见为净，可接下来的一条条消息像狂轰滥炸一般，把我那道为写作业筑就的心理防线给无情地炸得灰飞烟灭。

当我终于忍不住,想打开手机刷微信时,妈妈告诫我的话又在耳边响起。我提高警惕,转身准备写作业,可这时,提示音又接连不断地响了起来,信息也一条条地弹了出来。它们就像一颗颗炸弹,又像一条条可恶的虫子,正在一点一点地吞掉我那薄弱的防范意识。

终于,我控制不住自己了,我把妈妈的话抛到了九霄云外,迅速打开了微信。微信群里早已经闹腾得跟开会似的,有人在晒自己的零花钱,有人在晒自己的礼物,还有人在晒自己的"珍宝"。看到眼前的一切,我也按捺不住了,立马把自己的好东西通通搬出来一起晒。整个班级群顿时变成了"武林大会",同学们以各种方式"晒"着,都想吸引别人的注意。忽然,不知哪位同学十分机智地发了一则搞笑短片,这则短片顿时让他在千军万马之中脱颖而出,不到五分钟,他就得到了三十四个赞,真是班群史上最快点赞速度呀!

就在我与同学们晒得不亦乐乎之际,我无意间看了看钟,发现已经四点整了!我心中一惊,默念道:这下完了!作业一个字都还没动呢,待会儿妈妈回来,肯定小命不保了!

一想到那恐怖的场面,我只能亡羊补牢,可还是为时已晚。唉,真是莫等闲,光顾着晒微信,空悲切啊!

倾 听 心 声

蒋丽思

心声是一种来自心底的呐喊,心声是心灵深处最真诚的声音,聆听心灵的呼声，倾听心声，你才能知道你真正要什么，你应该成为什么样的人。

我聆听水的心声，那叮咚的清泉是一首美妙的歌声，那伴随着清泉的舞动，那随风荡漾的静美之歌，如涟漪清流，在空旷的山谷回荡。我感受水那静美的心声，品读水的性格：虽是涓涓细流，但却不自负，永远那样的干净；虽是一泓碧波，却不骄不傲，永远那样谦虚，永远那样执着，那样灵动，那样无所畏惧，永远那样静谧和谐。

聆听水的心声，我的心声也开始呐喊："我要遵循水的风格去做人，做一个执着的人，做一个有追求的人，做一个不卑不亢的人。"

我聆听风的心声，那声音从遥远的大海吹来，带着海的气息，撩拨了我的心坎。我聆听着风的心声，听它轻轻地诉说自己的经历，听它讲述着海的故事，我的心开始不安分，我开始向往大海，向往海的辽阔，海的雄壮；向往海的博大精深，海的胸怀。

聆听父母的心声，这声音如此琐碎，却是如此不可或缺，我们似乎在他们无休止的唠叨中，被那浓厚的爱层层包裹着。他们望子成龙望女成凤的愿望是如此急切。

聆听他们的心声，我的心声开始呼吁："爸，妈，感谢你们对我的爱，但是我需要一片属于自己的天空，我要自己飞翔，我需要一片属于自己的土地，我要自己耕耘。"

我聆听着各种各样的美妙心声，我的心声开始如春笋般爆破，我要在各种心声中学会成长，做一个善感敏悟的人。

我的心声，你听到了吗？

我真想做个农场主

丁 颖

我的梦想是当一位农场主。

如果有一天，我拥有了几百亩甚至几千亩的农田，我要把它们合理地管理好。首先我要用一百亩种植水稻。袁隆平令人敬佩，他经过十二年的努力，成功培育出了"三系杂交稻"，解决了人口大国的粮食问题。我的设想是：让大家吃上放心稻。我种植的水稻，不喷洒农药，遇到虫害采用生物技术加以克制。收割全部机械化，我们采用的机器不仅可以收割，还可以测出亩产以及营养生长方面有哪些缺陷，以方便我们继续改良。收割后我们并不着急卖，而是将它们放入一个机器中检验，证明健康无农药无毒素后再进行出售。

在稻田四周，我还会种西红柿、草莓、韭菜、大蒜等有机食物，人们可以到我开的有机专卖店里买到放心菜。

我很羡慕《西游记》中的孙悟空，他能吃到很多鲜美的果实。我想种桃树，但不会过多地给它们百般呵护，因为只有经历磨难，经历了生与死的搏斗，它们的果实才能充满独特的香甜，这是打了激素和上了蜡的桃子所不能比的。我的桃园注重的是自然选择，我的桃树生长在最好的土地上，因为这片土地没有受过污染，地上有许多的蚯蚓，我相信我的桃树会很乐意在这里"安居乐业"的。

在桃园中，我想养鸡。自从听说肯德基的鸡，浑身长满翅膀和大腿后，我对鸡有了十足的恐惧感，我周围的人也都对鸡反感了。但转念一想，鸡对我们又确实有益，尤其是母鸡能下好多蛋呢！那就让我来消除人们的顾虑吧！

我不给鸡喂饲料，而是让它们到桃园中自己寻找食物，这样可以让鸡肉更加鲜美、肥嫩，更有营养。而且我会给鸡窝安装电风扇，定时驱散热气，让它们在夏天的时候感到很凉爽，这样它们的心情也就能好得多，有利于排出它们体内的毒素，也让它们能够安心地孵出小鸡。鸡的粪便又是桃园的天然肥料，真是既科学又健康。

我会在我的农场里挖一个鱼塘，养很多品种的鱼。在树林中，我想养一群普通的牛。我会每天带着它们散步，适时地放歌给它们听，经常帮它们洗澡，让它们有健壮的体格和良好的心情。我养的牛不多，只有四十多头，因此在它们平时的杂粮中，我会夹杂一些有机物种，让它们的身体里蕴藏特殊的营养物质和香味，它们的粪便又会作为稻田的肥料，真是一举多得。

我真想做个农场主，这不是白日做梦。我坚信：在努力实现中国梦的征程上，我的生态农业一定会为人民的"美好生活"添砖加瓦！

青春路上，书香为伴

张思雨

我自幼喜欢读书，在书海里浸润遨游，我自得其乐，收获颇丰！

读书，让我拥有梦想，不断成长。

畅游书海，我了解到中华民族拥有着光辉灿烂的上下五千年，同时也知道"落后就要挨打"的百年屈辱史和不屈不挠前仆后继的民族抗争史。所以今天我们要时刻谨记"走民族复兴路，实现伟大中国梦"，我们是中华民族的脊梁，青春路上，我们要为中华民族之崛起而读书。

在书的海洋里，我不仅收获了知识，开阔了视野，陶冶了情操，而且也明白了许多做人的道理。

读"书山有路勤为径，学海无涯苦作舟"，我明白了天道酬勤、勤能补拙的道理；读"莫等闲，白了少年头，空悲切"，我不断激励自己"盛年不重来，一日难再晨。及时当勉励，岁月不待人。"把握好生命里的每一分钟。读《卖火柴的小女孩》，我时刻珍惜今天的幸福生活，不奢华不浪费。

读苏轼的诗文，我看到的不仅仅是一个盛下悲欢离合的心胸，更深深地感受到他"一蓑烟雨任平生"的乐观和豁达。当他怀才不遇屡受排挤贬谪时，他没有消极沉沦而是满怀拳拳爱国热情希望自己能"会挽雕弓如满月，西北望，射天狼。"这海一般的达观胸襟和赤子情怀，不能不让后人为之肃然起敬！

"读一本好书就是与一位高尚的人谈话"，与冰心奶奶交流，我看到的不仅仅是令人心旷神怡的美丽的大自然，还有那懵懂难忘的童真，更让我时刻不忘的是"成功的花，人们只惊慕它现时的明艳，然而当初它的芽儿，浸透了奋斗的泪泉，洒遍了牺牲的血雨"。成功来之不易，需要用汗血浇灌。

韶华易逝，让我们乘着青春之舟，扬起梦想的风帆，遨游在书籍的海洋里，一路拼搏、一路采撷、一路收获！

品茶的那个老人

林真真

当寒风吹过我的脸庞,那一缕缕从茶壶里飘出的烟气便袅袅升起。幽幽的树荫下,淡淡的茶香萦绕着古老的槐树,长满青苔的小石桌旁,昔日爷爷那泡茶的身影依旧清晰。

——题记

爷爷的一生很平凡,他不喜欢喧闹,只喜欢在幽静的树林里感受大自然的气息,在那棵老槐树下的石桌,用山泉和心来泡出最淡却又最香的茶水。

小时候,爷爷总爱带我和他一起品茶。他爱在泡茶时看我围着石桌一圈圈地跑,而我则爱在围着石桌跑时看着爷爷泡茶。爷爷也喜欢教我写字、下棋,一老一少的笑声就伴着茶香在树林里来回飘荡。

上帝总是不愿给人们太多欢愉的时光。我十岁那年,爷爷患了肺癌,几次化疗仍不见好转。爷爷的身体已然不是自己的了,他不能命令自己的身体做任何事,他再也不能像以前那样带我去泡茶,教我写字和下棋了。

但疾病终究敌不过爱。十岁的那个生日,是我一生中最难忘的生日。那个夜晚,我正在家里过生日,偌大的餐桌旁少了爷爷,我怎么也高兴不起来，饭菜的香味也吸引不了我。正当我丧气失望之时，爸爸搀着爷爷从医院赶回来了。爷爷的目光没有了以前的神韵，但从他闪光的双眸中仍能读出最令我激动的情感，那是一种大爱，是病魔所无法战胜的亲情！接过一纸平淡的贺卡，那字体虽不再挺拔，但我却从歪歪扭扭的字里行间感受到了一份慈爱。那是我记忆最深且最难以忘怀的一个夜晚，病重的爷爷从医院赶回来为我过生日，使我得到了幼年的一份最真挚的感情，为我留下了童年记忆里最难忘的温暖。

爷爷最终还是离开我了。如今，我最爱听周杰伦的那首《爷爷泡的茶》："山泉，在地表蜿蜒，从很久很久以前，我有一张稚气的脸……爷爷抽着烟，说唐朝陆羽写茶经三卷，流传了千年……"

如今，回想起爷爷，最清晰的仍旧是在那棵槐树下，爷爷长茧的双手泡在泉水里，茶色渐渐蔓延，石桌飘散着淡淡茶香，坑洼的土地上阳光斑驳，泉水潺潺流下，老槐树的年轮记录了我和爷爷在一起的日子。

望天上云卷云舒，看树旁花开花落，随风飘散的落叶道不出我的惆怅。泡好一壶茶，斟满两个古老的茶杯，袅袅烟气飘然而上，一阵秋风袭来，那熟悉的身影依然清晰，那久违的亲切再次出现。伴着幽然的茶香，那一段旋律飘荡于心——

"爷爷泡的茶，有一种味道，叫做爱！"

游藏龙百瀑

缪佳达

一看到"藏龙""百瀑"这两个词语，许多喜欢游览的人会怦然心动。8月5号，我和爸爸妈妈到安吉的藏龙百瀑景点旅游，领略它旖旎的风光，欣赏它靓丽的风景，颇有收获，十分陶醉。

沿着盘旋的山路上山，蜿蜒了好一会儿，我们终于见到了那魂牵梦绕了许久的四个大字"藏龙百瀑"。它们苍劲有力，预示瀑布的恢宏气势。步入景区，循着哗哗的瀑布声，我看到了奔腾的流水和腾跃的瀑布。有的瀑布从上游激溅而来，有万马奔腾之势，它们从上一块岩石上蹦跳下来，冲击着岩石，溅起晶莹的水花。那碰撞的声音，清脆动听，给人循声而游的冲动。沿着石梯而上，渐渐才领略到"百瀑"的意味。写游记有"移步换景"，而这可是"移步换瀑"。每上两级台阶，都能见到一个新的瀑布挂在眼前。而且每个瀑布各有其风格，有的是赢在气势上，有的是融于风景，让我们赞不绝口。

拾阶而上的我们，在半山腰的亭中小憩，阵阵凉风袭来，让我们好是凉爽。这样的凉爽，在山下难以体会到，清风中伴着些细细的"雨丝"，打在我们脸庞上，煞是清凉。扶着栏杆继续向上，只觉泉水拍打岩石的声音愈加得清晰，我们的兴致也越来越高涨。美景与凉爽让我们忘记了腿脚的酸痛，看着地图上的我们离最大的瀑布更近了，我们的脚步也愈来愈快。

　　我们惊叹于"潜龙瀑"的险峻，赞叹"戏龙瀑"的精彩，"藏龙"果然名副其实。走着走着，我们又数起瀑来，妈妈问我："能不能数数这百瀑呢？"我说："一百个我可数不出，但对那几个最典型的印象可深呢！如三折重叠的'长龙飞瀑'，如彩虹横卧的'虹贯龙门'，还有惟妙惟肖的'神龟听瀑'。它们神形皆备，令我难忘。"

　　妈妈听后向我竖起了大拇指，我也露出了灿烂的笑容。在这样的欢乐交谈中，我们不知不觉地走到了山顶。在最后的一转之后，那雄伟的瀑布直挂我眼前。六十米的落差让我们叹为观止，那水不知疲倦地奔腾，翻滚，冲击着岩石，没有丝毫畏惧之心。我站在高山之巅，张开双臂，感受那一股奔涌的气势，让我仿佛置身其中，难以自拔。

　　下山时顺着水流，时而快，时而慢。看着四周苍翠的竹林与流淌其中的流水，不禁感叹于大自然的神奇。人们再如何的巧夺天工，也难有自然的纯真。人们想去征服自然时，为何不去想一下是否真的有如此实力呢？自然与人文的交相辉映，能成为那一道最亮丽的风景线。作为一名学生，妈妈启发我要像瀑布一样，面对困难的阻挠，要努力拼搏，勇往直前。

　　走出藏龙百瀑景区大门，耳畔依旧回响潺潺的水声，脑中已定格美丽的风景，它所蕴含的深深的哲理，已铭刻在我的心中。

我和妈妈是闺密

李 丹

都说女儿是爸爸上辈子的情人,但我却认为,女儿是妈妈上辈子的闺密。为何?贴心呀!

我的妈妈有一双闪烁着智慧光芒的明亮的眼睛,一头乌黑飘逸的长发,披散在肩上,就像春风吹拂下的小柳丝,身材适中,增一分则胖,减一分则瘦。妈妈是一个部门的领导,工作很忙,经常加班,但就算再忙再累,她每天晚上都会抽时间和我说说话、谈谈心。我会向妈妈汇报在学校里的收获,妈妈也会告诉我她在工作中遇到的一些趣事。我们俩就像闺密一样无话不说。

记得有一次,公司临时要妈妈去外地出差三天。因为我在上学,所以妈妈来不及告诉我这事。当我下午放学回到家时,看到茶几上有一封折叠成心形的信。我拆开信,里面有三张小便条,背面分别写着"今天""明天"和"后天"。我打开第一张便条,一行熟悉的字迹展现在我的眼前:"丹丹,妈妈今天出差了,妈妈想你,你也要记得想妈妈哟。"接着,我打开第二张便条,上面写着:"丹丹,这是妈妈出差的第二天了,你在学校遇到了什么趣事呀?拿起你的笔,写下给妈妈吧。还有,你要提醒爸爸想妈妈哟。"最后,第三张便条是这样写的:"妈妈今天就回来了,妈妈想告诉你这次出差的好多趣事,你听了肯定会乐开怀的。还有,妈妈也好想知道你这三天的所学所得,等我回来要讲给我听哟。"看着这三张小便条,我觉得妈妈就在我的身边,在跟我细细地交谈。虽然此时的我更想妈妈了,但我没有感到寂寞。

三天后,妈妈回来了,她行李都没放下,也没跟爸爸打招呼,就搂着我滔滔不绝地说了起来,我也喋喋不休地向妈妈述说着我在学校的事情。一旁的爸爸吃醋了,打断我们道:"你俩只顾说话,都把我当隐形人了。"听到这话,看到爸爸故意嗔怒的表情,我和妈妈都被逗乐了,很默契地说了一声:"闺密密谈,男士免听。"

有趣的DIY体验课

刘 星

"你做的真好看!""哎呀!我的怎么都烂了?"这么热闹,大家在干什么呢?原来开心作文班在举办一次有趣的DIY体验课。

这节课是在班芙春天售楼大厅举行的。一进入会场,里面人山人海。我们领了做点心的票据,就进入制作点心区。

开始制作了,我带上手套,开始揉阿姨给的面团。"哎呀!怎么这么黏呀?粘的手套上哪儿都是!快点儿加面粉!"我一把抓起面粉往上撒,这下好多了。我把它揉成一个团,压扁,把巧克力味的馅儿放进去,再将四个角包住馅料,继续揉成团,最后把包着馅料的面团放在小猪模具里填满,小心翼翼地把面团挤出来,一个小点心就做好了。

　　做第二个的时候，我把手套去掉了。这次依然粘得我满手上都是。我只能搓啊搓啊，终于把手上的面泥搓掉了。这次我放的是红豆馅，把小猪模具换成了玫瑰花形状的，结果挤出一个漂亮的玫瑰花形状的点心。

　　我看了看旁边李俊伟的作品，他做了一个方方正正的，一个心形的，超可爱！

　　软陶区也很热闹，我跑过去一看，那里的小朋友个个心灵手巧！他们捏的小动物栩栩如生：小老虎的眼睛瞪得大大的，小白兔的耳朵又尖又长，小狗的尾巴翘得高高的。小动物们好像在比美呢！

　　我们各自拿着自己的作品回到了作文班，老师还进行了评比。我的小点心因图案清晰、制作新颖而获得了第一名。我特别喜欢DIY体验课，期待不久再次举办这样有趣的活动！

精彩，在那一刻

欧阳婷

　　"加油！加油！"操场上，人潮涌动，彩旗飘扬，呐喊声、助威声此起彼伏。拉拉队员挥舞着双手，提高嗓门加油助威。一年一度的校运会正在紧张地进行着。

　　"请参加八百米的运动员注意，准备比赛！"瞧，各个班级的运动健儿神采奕奕，迈着矫健的步伐，整齐地走向起跑线。随着"砰"

地一声,女子八百米决赛开始了。

各班运动健儿犹如装上了马达似的,一跃而上,大家都在为第一跑道而奋斗着。看,在1号跑道上的两个人一直在争夺不断呢!一位用屁股顶着另一位,试图想将她推出跑道。而另一位也不甘示弱,一直咬着牙,脸憋得通红,想奋力超前。一直跑在第三名的彩云见势不对,狡猾地绕过第二道,超越了眼前的一道"坎"。望着彩云那自信的目光、坚定的步伐,我们的心情多了几分轻松,心里默念着:"肯定能争得第一名。"就在我们一脸惬意时,只见彩云身后竟杀出个劲敌,犹如幽灵似的,一直穷追不舍。"糟了,糟了。"后援团的同学开始急得直跺脚。"彩云,加油!超越她!"大家的呐喊声一浪高过一浪。远在对面的彩云同学似乎听见我们的呐喊声,好像喝了兴奋剂一样,整个人顿时精神焕发,犹如起飞的海燕,狠狠地将一直紧跟在后方的敌人甩了个十米远。

"砰",枪声再一次响起,就剩最后一圈了。赛场上,一位位运动健儿犹如泄了气的车胎,双脚好像灌满了铅块,身体变得异常沉重。"坚持就是胜利!Come on!"近了,快近了!忽然,彩云的身体开始左右摇晃着,像在走独木桥似的,稍不注意,便会掉下"万丈深渊"!"千万别在终点出意外啊!"我攥紧拳头,目光一直追随在她身上。终于,彩云同学不负众望,坚持下来了。只见她身体向前微微倾斜,迈开坚定的步伐,跨过了终点线,获得了胜利!

我们一齐拥向她,犹如正在迎接凯旋的英雄。彩云同学望着被她远远甩在后面的选手,她欣慰地笑了,并由衷地欢呼道:"我做到了!我成功了!"

那一刻的超越虽然短暂,却是那么精彩。我们拥有实力,敢于拼搏,胜利非我们莫属。让那一刻成为永恒吧!

致我最爱的这本"书"

陈雯雯

读　你

在很长一段时间内，总感觉母亲是一本晦涩难懂的大书，让人琢磨不透。

作为一个女孩子，老人们总喜欢用"贴心小棉袄"来比喻母女之间的关系，母女之间无话不说的亲密镜头也不知道在我脑中浮现过多少遍，但回到现实中，总是无奈地告诉自己：这些都不属于自己。

记忆中的母亲总是严厉而且不苟言笑的，她的言语中没有和风细雨，没有循循善诱，一板一眼的带着命令式的喝斥成了她对我教育的一贯方式。看着邻家女孩儿依偎在妈妈身边撒娇时，我多么希望自己就是那个孩子！当别人骄傲地向我炫耀自己妈妈对自己的疼爱时，我只有羡慕的份儿！有时脑中竟产生这样奇怪地念头：自己到底是不是妈妈亲生的孩子？尤其是到了现在，这种微妙的心理状态又进一步地拉开了我和妈妈之间的距离。

现在的自己，对于母亲这本书，读不懂，也不想去读，于是便把她束于心里的角落里，从此再也不愿意去开启！

懂　你

　　一直觉得，我和母亲的关系就会这样无限地僵持下去，从没想过有一天，我会再重新去审视她。

　　事情还要从去年夏天去海边玩耍说起。

　　面朝大海，心中不禁"春暖花开"。欣赏着眼前的美景，看着海水中游玩的人们，想下海冲浪的欲望是按捺不住的。很不幸的是，我是只旱鸭子，刚到海里就跟袭来的浪花来了一个"亲密的拥抱"，还有幸尝到了它"甘甜的味道"。我被海浪冲到了岸边，好久都不敢再下去。弟弟对我说："姐姐你太胆小了，不敢下来了，真是一个胆小鬼，哈哈哈……"在这样的时刻，我多么希望会水的妈妈会来指导一下我，但我用眼角瞥见的却是她无动于衷的表情，这不禁让我的心凉了半截。于是我带上救生圈，再一次走到了水边。正当我想继续往深处游时，没想到对面冲来了一个大浪花，一下子把我冲得离岸边越来越远，当时的我完全慌了，竟然忘记了刚学会的几招"扑通"。我没想到，就在这一关键时刻，抓住我手的是被自己称为"冷漠人"的母亲。我是在疑惑中握紧她的手的，没有安慰的话语，依旧是一贯的严肃。在她的指引下，我们娘俩手拉着手一起向岸边划去。刚刚划了一点儿，一个浪花打过来，我们又被冲回原地了。望着那遥不可及的岸边，垂头丧气的我对妈妈说："妈妈，怎么办哪？我游不动啦，怎么回去呀！"妈妈用力地拉起我的手看着我说："挺住！我们齐心协力，一定会游回岸的，相信自己，丫头！"看着妈妈那被海水打湿的脸，一股信念再次在心中升起……就这样，经过半个多小时的艰苦"奋战"，我们终于回到了岸边。

　　事后，从爸爸那里我才知道，其实妈妈从我下水的那一刻起，就在背后默默地关注着我。没有从开始就帮我，是想锻炼一下我。所以，在我最危急的时刻，她才会出现的这么及时。也就是在那一瞬间，我的心中一片海阔天空。从母亲这本书中，我读出了别样的爱意和敬佩，用浓浓亲情造就的"经典"，这一辈子用心去读，去珍惜，绝对值！

我们家的听写大会

刘　力

老妈看见我写的作业，总对那些龙飞凤舞的字表示强烈不满，有时还冤枉我，说我写得这么潦草，大概是忘了怎么正确书写。多数时候，她再怎么唠叨，我也装着没听见。实在装不了了，才小声嘀咕一声："我会写的字，不见得你就会！"

我的这声嘀咕，还是被她听见了。那天她听见之后，二话没说，直接拿来两个本子，两只水笔，朝我面前重重地一放。我不知她葫芦里卖的什么药。她又跑去打开电视，直接调到《汉字听写大会》（晕，怎会这么巧？）。她看着我，一脸的挑衅："我们来比试比试？"比就比，谁怕谁！

比赛正式开始。电视里的主考官是个叔叔，他用标准的普通话报出了"鳜鱼"，我愣了一下，但随即想起了"桃花流水鳜鱼肥"，几番涂改之后，写成了"鳜鱼"样。正巧电视里在公布正确答案，我对了。抢过妈妈的本子一看：哈哈，她错了！还错得不像样："鳜"字的右边多了个草字头！妈妈看我有点儿得意忘形，刚想制止，我高高竖起右手的食指，放在嘴唇边轻轻摇着。她只好把话给咽了回去。

没想到骄兵必败。听见"赭石"那会儿，我以为报的是"走石"，就随手写了出来，连那位叔叔的解释"它是一种矿物，一般用作颜料"也没听见。妈妈写的，与标准答案一样。唉！

电视中又报出了"白垩纪"。妈妈满脸愁云。对妈妈这种爱好写诗的人而言，"白垩纪"确实太遥远了。而我，就不同了，我经常在动画片里和这个词相遇！我得意洋洋："妈妈，这次你输定了！"我赶紧写，写完还认真检查了三四遍。我对了！再看看妈妈写的，居然也对了！妈妈一脸坏笑："不要门缝里看人，我可是语文老师。"

这下我明白了自己的劣势。但人的斗志只有在挫折中才会被完全激发。我燃起十二分的斗志，迎接下面的战斗。

几番争斗下来，比赛终于进入白热化状态，必须一词定胜负了。"弋射"，那位叔叔解释说"弋"是古代射杀禽鸟时用的那种尾部带有一根丝绳的箭。听着它，我犯了难。我苦思冥想。在经过摸头、啃笔、拍脑门三个步骤后，我终于眼前一亮：《晏子谏杀烛邹》"齐景公好弋"一句中不就有个"弋"吗？因为太激动，我的字又龙飞凤舞起来，一不留神多写了一撇——"戈"，呜！

比赛之后，我写作业时再不敢龙飞凤舞了。老妈总拿这事来唠叨。好男不跟女斗，吃一堑长一智嘛，呵呵。

母爱，我懂了

钟文灵

母爱是什么？母爱，是雨天妈妈为你撑起的那把伞；母爱，是放学后妈妈为你做的那顿饭；母爱，是生病时妈妈日夜对你的操劳。

母爱是什么？母爱如清泉，滴滴都是对儿女的惦念；母爱如丝线，缕缕都是对儿女的祝福；母爱如星空，颗颗都是对儿女的期盼！

一滴水可以折射出太阳的光辉，生活中的许多细微之处饱含着温柔、伟大的母爱。

有一次，我生病了，妈妈万分焦急，为我忙前忙后，我不爱吃饭，妈妈就做了一桌子的饭菜，全都是我爱吃的，可我一口也吃不下，妈妈看到我这样，心疼得不是滋味。到了晚上，终于熬到了睡觉，由于我身体不舒服，妈妈就一直陪在我身边，陪我一直睡到天明。第二天早上，妈妈早已经把她做的早饭放在我的面前。看到妈妈双眼红红的，充满了血丝，不用想就知道是昨天晚上为了照顾我，熬夜一晚都没睡，第二天早上却又早早地为我做早饭，看着桌上的面条、稀饭、包子，我的眼睛湿润了，我知道妈妈怕我没胃口，特意为我做了这么多种类。

面对着这桌早餐，面对着妈妈的深情，我没有请假，拖着带病的身体到校上课。但是天不怜人，从早上开始就阴沉沉的，到了下午就下起雨来。我想：这下糟糕了，忘记带雨具了，这可怎么办？本来就感冒了，如果再淋雨，岂不更严重吗？我懊恼自己的粗心大意，竟然忘了观察天气，也没有心思听老师讲课，眼光不禁瞥向了窗外。

就在这时，我的眼中出现了熟悉的身影，是妈妈，我兴奋得差一点儿就叫了出来，心想：妈妈真是上天派来救我的人。随着身影望去，我看到了妈妈的头发、衣襟、裤腿都湿透了，脸上还带着雨珠，她站在雨中，深情地望着我们的教室。看见这些，我的心里说不出是什么滋味，于是便收回了思绪，认真地听老师讲课，认真地记笔记。

放学的钟声一响，我便飞快地跑向妈妈，一把抱住了她，泪水夺眶而出，嘴里哽咽着："妈妈，妈妈……"

母爱只求付出不求回报。"随风潜入夜，润物细无声。"妈妈的爱就是那绵绵春雨，无私、伟大，点点滴滴，细细密密，滋润我心头。

生我，那是撕心裂肺的痛苦；养我，那是精疲力竭的付出；育我，那是废寝忘食的操劳，这就是母爱。

与我的降生同行的是母亲的疼痛苦难，与我的成长同行的是母亲的含辛茹苦，与我的成功同行的是母亲的默默付出，与我的幸福同行的是母亲的慈祥微笑……

在这里，我真心地对妈妈说声："谢谢妈妈，您辛苦了，谢谢您对我的给予与付出，我懂了，我爱您！"

给烦恼上锁

刘雅琪

不知怎的,总感觉生活中充满了烦恼。我真希望我有一个坚固的箱子和一把万能的钥匙,把可怕的"烦恼怪"锁在里面,让它永远出不来。这样,我的一生就能充满快乐。

记得以前和朋友一起吟诗,有一句诗是叫"少年不识愁滋味……为赋新词强说愁"。好像是辛弃疾写的。可是他老人家哪里知道我们这些少年的烦恼?我看啊,应该改成"少年也识愁滋味……为赋新词强说无。"

烦恼,在生活中无处不在,它更是与我形影不离,我俩真是一对"好朋友"。我在学习上,总是差别人几丈远。我改掉了粗心的毛病,虽然有时候也会犯粗心,犯糊涂,但总比以前好多了。以前的时候,我能把加法算成减法,乘法算成除法。现在想想,真不知道我那时是怎么想的。还有那方正的中国字,被我改得"缺胳膊少腿",都变成"三角字"了。但我真的已经努力改正了,可为什么我的分数还是差别人几丈远?看着别人优异的成绩,我的烦恼便如雪花一样纷纷而至,令我心灰意冷。

但年轻的我们,怎么会被困难压倒呢?虽说有烦恼,但总有方法解决的。政治课上,我们学过一课是《学会学习》。我才知道学习上不去的原因是我的学习方法不对，学习方法因人而异，因学科而异，好的学习方法，应该符合认知规律，符合自己的个性特点。自此之后我才改变了自己的学习方法，虽然分数没有进步多少，但至少解决了我的烦恼，让我向快乐更进一步。

让我们舞动青春，甩掉身后的烦恼，与快乐共同作战，打败"烦恼怪"。

终于，我把烦恼锁在了箱子里。从此，我与快乐常伴。

最后，我道一句，让烦恼随风而去！

爸爸，我想对您说

王佳琦

网络上热传着这么一句话："世界上最远的距离不是相隔天涯，而是我在你身边，你却在玩手机。"爸爸，这句话用在您身上可一点儿也不过分。

爸爸，虽然您天天和我们在一起，可我感觉您离我们好远好远。生活中，我见得最多的就是您在低头看手机：一家欢聚时，您在一旁默默地看手机；吃饭时，您边吃边看手机；半夜上厕所路过您的房间，看到的仍是您手机荧光屏的光幽幽地充满了整个房间……一天之中，几乎没有一个时间段您是离开手机的。手机似乎成了您生活的全部，您白天看，晚上看，坐着看，走路看，连开车等红灯那段短暂的时间您也不会错过。爸爸，您真的成了一个标准的"低头一族"。

记得有一个晚上，我写完作业找您下棋，您头也不抬地说："不行！你得去学习。"我不满地说："我学完了呀！"您板着脸，又说了一句："学完了再学，学无止境！"爸爸，我知道您不是真心让我去学习，您只是不愿放下手机而已。

我只好去妈妈那儿告状。其实妈妈也生气，她走到您身边说："琦琦已经完成作业了，你就陪她下一会儿棋吧。"您仍双眼不离屏幕地回了一句："我不想跟她下。"妈妈开始唠叨了，您似乎有些不耐烦，拿着手机站起身来。我以为您终于要和我下棋了，但您只是换了一个房间，找了把椅子坐下来，又看起了手机。妈妈不依不饶地跟了过去，说："就算你不和琦琦下棋，也不要总看手机了。你看你的眼睛都近视成啥样了？"面对妈妈的关心，您置若罔闻，无动于衷，仍然继续看着手机。

像这样的事，说也说不完。爸，我不明白，究竟我是您的女儿，还是手机是您的女儿？在生活中，到底谁才是您心里更重要的？

我的乐园

周栋晖

记忆中，儿时的乐园有好几处，它们刻录下了我和伙伴们的欢声笑语。

很小的时候，我常在家附近的菜园边玩耍。那些树上的桃花，想开多少就开多少，玉米想长多高就长多高，棉花要多大就有多大，白菜想有多少就有多少。这里有几棵树，夏天时在树上荡秋千听蝉歌唱，是多么美妙的事啊！我经常在树上寻蝉蜕，或是摘上几个桃子品尝，或是荡秋千入睡。我曾听别人说起过仙桃，吃了便能像孙悟空一样腾云驾雾，所以我经常摘桃吃，不管成没成熟，以至于浪费了许多。

渐渐地，我上了小学，便不能这么随心所欲地玩了。每天放学后回来，都错过了玩的最佳时间，而且还要写作业。我于是将目光转移到了河堤上。每逢双休日，我就和伙伴们在上面玩耍。

河堤下，是大片大片的农田，一到春天就开满了油菜花，景色宜人。我们常在这里放风筝。还分成几拨扮演一些角色，如：警察与小偷、奥特曼与怪兽、老鹰与小鸡……

冬天的河堤比较无味，雪一下就变了样。堆雪人、打雪仗我们是无一不做的，但最好玩的是滑雪。我们每个人从家里偷来了一个大布袋，在大堤的斜坡上做好了准备，便开始了。

我们一屁股坐在布袋上，双手拽住布袋的两角，像骑马一样顺着堤坡往下快速滑行。胆小的人往往吓得尖声惊叫，我可不怕，那种感觉，我觉得特爽，很刺激，像驾着风在奔跑。有时，"航向"会发生偏移，一不小心，也会摔得四脚朝天。我们一边骂骂咧咧地爬起来，一边又继续，河堤上荡漾起欢乐的叫喊声。我们每次都会玩十几个回合，不过玩完之后，我们便会发现屁股这块的裤子全湿了。而这时，我就会弓着身子撅着屁股，让屁股对着太阳烘烤。因为如果被奶奶发现，一场灾难就在所难免了。

乐园里的"光荣事迹"真是让人回味无穷，时常想一想，还是会感受到无限的趣味。

游初溪土楼群

李学畅

国庆节，爸爸妈妈带我去了福建永定姑姑家，那儿四面环山，温泉遍布，但最吸引我的还是初溪土楼群。

这天，姑姑、姑爷决定带我们一家去参观初溪土楼群，我高兴得一蹦三尺高。从姑姑家所在的下洋镇到初溪，山路崎岖，车子颠簸了约半个小时，终于到达了目的地。

一下车，我便看到一座座好似蘑菇的圆柱形建筑，乍一看又好像是天外飞碟。姑姑笑着说："这就是闻名世界的初溪土楼群，当年美国军方还误认为这是中国的导弹发射基地，后来才知道是传说中的'土楼'。"我一听，便迫不及待地催着大家去楼内看个究竟。

我们首先参观的是集庆楼。集庆楼是客家土楼中年代最久远的圆土楼之一，距今已有600年的历史。集庆楼共四层，设有9个瞭望台，72道楼梯，206个房间。如今，这座土楼已被开发改造成博物馆，设置了30个陈列室，摆放着许多展现客家生活文化的文物，如老式的纺车、残旧的簸箕、古朴的木床，等等，让人不由得联想起客家人和谐温馨的生活场景。

读了展厅里的介绍，我对土楼有了更深的了解：由于永定县地处偏远山区，为了防范盗匪的骚扰，便建造了营垒式住宅。人们在土中掺石灰，用糯米饭、鸡蛋清作黏合剂，以竹片、木条做筋骨，夯筑起墙厚1米、高15米的土楼，既能聚族而居，又能防盗防贼。土楼还是原生态的绿色建筑，楼内全是木制结构，不用一枚铁钉，可谓是隐藏在深山里的建筑奇迹。

参观完集庆楼，姑爷便领着我们登上了对面山顶上的观景台。站在观景台上，整个初溪土楼群尽收眼底。三座圆形土楼和一座方形土楼依傍着小溪一字排开，十分壮观，被游客们戏称为"三菜一汤"。其他大大小小的土楼则错落有致地往山坡上延伸，土楼与土楼之间有层层叠叠的梯田，俨然是一幅流动的山水画。

从观景台上下来，我们便要与土楼告别了。"圆圆的土楼，圆圆的家，圆圆的山村，圆圆的画。"中国最美的土楼群，再见啦！

妈妈的变化

陈家旭

自打上小学后，妈妈对我一直是凶巴巴的，经常看到她眉毛一挑，杏眼一瞪，对我厉声说："快点儿写作业！"偶尔，如果我的考试成绩让妈妈特别满意，她也会露出笑容，不过这笑容消失得很快，常常是一句"再接再厉"之后，那张脸就迅速地恢复了平静。

最近几天，妈妈却变了，她变得非常和蔼可亲，见到我总是笑眯眯的。放学后，她也不再把那句"快点儿写作业"挂在嘴上，而是叮嘱我先休息一小会儿。那张熟悉的脸已不再严厉，目光中也多了几分温柔。

　　这天，带着满腹的疑惑，我开始写作业了。我的眼前总晃动着妈妈那张多云转晴的脸，不知不觉就开了小差。当我回过神来时，吓了一跳——妈妈正站在我身后！我一看作业本，上面一个字也没有写。我料想妈妈一定会大发雷霆，便硬着头皮等待一场狂风暴雨的降临。出乎意料的是，妈妈的表情却很平静。她微笑着说："早点儿完成作业。"我悬着的心这才放了下来。我觉得，笑容满面的妈妈仿佛一下子年轻了几岁。是什么改变了妈妈？

　　一天晚上，我无意间听到了爸爸妈妈的谈话。爸爸说："我们开一个家庭会议，也征求一下儿子的意见。"妈妈说："儿子会不会担心我们再生一个宝宝就不爱他了呢？"听到这里，我恍然大悟：原来，妈妈想生二胎。是这个还未出生的弟弟（妹妹）让妈妈发生了变化。虽然我也想让爸爸妈妈全心全意只爱我一个，可一想到如果有个弟弟或妹妹，我就可以照顾、保护他（她），他（她）看我的眼神中会充满了崇拜，我就特有成就感。其实，身为家里的独生子，我一直都很孤单。如果有个伴儿，家里会更加欢乐，妈妈也会一直对我这样温柔下去。

　　于是，我推开了爸爸妈妈卧室的房门，郑重其事地说："妈妈，我同意。"

　　我想，从此以后，妈妈的脸应该会一直"晴"下去吧？

悠悠老院，百年沧桑

温安琪

"五步一楼，十步一阁。雕梁画栋，层台累榭……"位于山西省灵石县的王家大院，建于清代，有着"天上取材人间造，雕艺精湛世上绝"的美誉。古朴清新的住所一直是我最向往的地方，今天，我和爸妈一起推开了王家大院那扇沧桑古老的大门。

刚迈进大门，大院便给我们一种庄重威严的感觉。宁静的老院，斑驳的墙壁，宣示着它的久远历史，让我不由得满心好奇，对接下来将要看到的一切充满兴趣。

穿过一条弯弯曲曲的小路，我们来到凝瑞居前。抬头一看，房前的两个柱子上刻着一副楹联：

仰云汉俯厚土东西南北游目骋怀常中意

沐烟霞披彩虹春夏秋冬抚今追昔总生情

我仔细地读了一遍又一遍，感受到当时王家人对美好生活的赞颂和眷恋，也让现在的我们感受到那一份淡然和清雅。

来到大院的最高处，俯身望去，我的心中陡然而生豁达之感。山是青的，水是绿的。东可望绵山日出，西可观苏溪月夜。这如水墨画般的风景，倘若被李后主看到了，我想他一定不会再感慨"春花秋月何时了"，而是会惬意地品一口香茗，赏一轮明月。那错落有致的院

落,虽然不知名,却让人感到"花不知名分外娇"。再次俯视,我仿佛忘却所有的烦恼,心也飘到了白云之上。

从楼顶下来,沿着古道往里走,我发现几乎每座楼上都有一块匾额,每块匾额上的字都能引人深思。比如,"为善最乐",便是王家老祖宗教给我们的做人道理。

一幅溢彩的画卷,一首清丽的诗词,一曲从琴弦流淌出来的乐曲,这就是王家大院,最真实的王家大院。

斗　鱼

韩炎彦

前不久,我家来了两位小客人,它们个头不大,却有个霸气的名字——斗鱼。

它们不仅名字霸气,来头也不小,据说它们来自遥远的泰国呢。两个小家伙一红一蓝,把不大的鱼缸映衬得绚丽无比。黑豆一样的眼睛,看起来特别有神。嘴巴不停地一张一合,好像有说不完的话。最有特色的要数那条像扇子一样的大尾巴了,游动起来五彩斑斓,十分艳丽。

记得卖斗鱼的阿姨特别交代:"斗鱼喜斗善战,只能分开饲养。"可我对它们特别好奇,想看看它们会如何相处,便把两条鱼放在了一起。

刚开始,两条鱼谁也不理谁,各玩各的,似乎相安无事。正当我怀疑它们名不副实时，那条红色的斗鱼按捺不住了。它蠢蠢欲动，开始挑衅，先是轻轻地碰了一下蓝鱼，但蓝鱼似乎有些孤傲，根本不搭理它。红鱼得寸进尺，再次向蓝鱼发起进攻，招数虽然称不上犀利，可也真够赖皮的。它一会儿游到蓝鱼前面挡住其去路，一会儿又咬住蓝鱼的尾鳍不让它走，如此几次三番……

　　蓝鱼终于忍无可忍，瞬间发起反击，以迅雷不及掩耳之势回头咬了一口。红鱼猝不及防，顿时无法动弹。不过蓝鱼点到为止，趾高气扬地扬长而去，那模样真像一位威风凛凛的大将军。

　　红鱼被袭后，似乎并不服气，它回旋几次，瞅准机会再次突袭，猛地咬住蓝鱼的尾巴，用力一扯，竟把蓝鱼的一条"蓝色闪电"给扯了下来！这下蓝鱼恼了，回头就要拼命！我担心两败俱伤，赶忙"武力干涉"，把它俩分开，战火才算平息。

　　斗鱼在一起会打斗，可它们也会安静地浮在水面上一动不动。我伸手想去碰它们，还没碰到它们的肚皮，它们就警觉地溜走了，原来刚才它们只是在睡觉。

　　用"动如脱兔，静若处子"来形容斗鱼再合适不过了。自从这对宝贝来到我家后，枯燥的学习似乎都变轻松了，闲时逗斗鱼，也是乐趣多多啊。

别把爱埋得太深

　　爱像翠绿盎然的小草,给大地带来生机,但如果把种子埋得太深,它会发不出芽;爱像重重夜幕里的一盏灯,为你照亮前方的路,但如果离得太远,它会模糊不清。

我家的"新玩意儿"

卓依扬

看！我家来了个"新玩意儿"！它是什么呢？哈哈哈，它就是前几天爸爸带回来的禾诗精准人体秤！

禾诗精准人体秤是正方形的，晶莹剔透。它有一身浅蓝色的"皮肤"，像一块珍贵的蓝宝石，皮肤上还有烟花盛开时的精美图案。我们全家都非常喜欢它，把它摆在客厅显眼的位置。

自从它来到了我们家，我们就变了——我们开始"每时每刻"地关注自己的体重：吃饭前称，吃饭后称；洗澡前称，洗澡后称；睡觉前称，睡觉后称；上厕所前称，上完后称……一夜之间，大家好像变得关心自己的健康了。瞧，爸爸一上秤就愁眉苦脸地说："我怎么这么胖？该减肥了。"妈妈走上秤就骄傲地说："哈哈，你们俩快来瞧瞧，我多苗条啊！"我站在秤上嘟着嘴说："哎，十岁了，才二十八千克，超级瘦，怎么办？怎么办？怎么办？"于是，吃饭时，爸爸会说："不吃肉了，减肥。"妈妈会对我说："多吃点儿，瘦了会得病的。"看着肉，想想秤上的数字，我只能无可奈何地吃下平时不喜欢的东西。

告诉你们吧，宝贝还会淘气呢！前天，我又站上了秤。一称，我惊呆了，大叫起来："妈妈爸爸，我长重了！我三十五点六千克了！"妈妈急忙跑过来，也站上了秤。她一看数字，说："咦？我也重了许多，怎么回事呢？"爸爸说："几天就长这么多肉？不可能呀。肯定是秤出问题了，我来检查一下。"

经过一番查看，爸爸得意地说："我找到毛病了。你们看，秤没有归零，没有人称的时候显示的数字不是零，而是七点五千克。""哎！"我和妈妈不约而同地发出感叹。爸爸取下旧电池，装上新电池。秤归零了，我们又变回了原来的体重。哼！这个"淘气鬼"！

现在，虽然大家称秤的次数渐渐少了，但是这个新玩意儿却给我们带来了乐趣，也让我们更关注自己的健康了。谢谢你呀，新玩意儿！

我去过杂志里

秦思贤

哟，今天来了好多小书虫，想必大家都是奔着这"每月一吹"的题目来的吧？穿越到杂志里，那可是大家的梦想呀！不瞒你说，我就去过杂志里！别不信，我这就为你细细道来——

那是一个夏日的下午，太阳热辣辣的，我躲在家里享受清凉。我是一个地地道道的小书虫，这不，我捧着一本《课堂内外·创新作文》（小学版），看得正"嗨"呢。这一期"每月一吹"的主题是"活了"，我正沉浸在小作家们的想象力中，杂志上突然出现了一个

洞、周.com、柠檬姐姐、贝壳姐姐都在里面向我招手呢！我哪里经得住这种诱惑，一下子跳了进去。

"砰！"我落了地。咦？怎么一点儿也不疼？这是哪儿呀？周.com他们怎么不见了呀？咦？怎么这么香？天哪，我脚下踩的地面居然是蛋糕！蛋糕？这期"吹牛大王"里，好像有一篇文章叫《蛋糕活了》……

我还没反应过来呢，蛋糕就动了起来，居然还跳起了街舞！好，好，好抖啊啊啊……没想到这蛋糕肥是肥点儿，还蛮灵活的嘛。它灵活，可苦了我，我，我了……对了，这是蛋糕啊！作为吃货的我，怎么会怕它呢？我赶紧趴在它身上，狠狠地咬了它一口。嗯，好香啊！蛋糕可不干了，它"嗷"地叫了一声，开始跳来跳去，跳上了屋顶，跳上了长城，跳上了埃菲尔铁塔，还跳上了胡夫金字塔……幸好我抓得牢，还抽空"咔嚓咔嚓"地拍了几百张照片呢！

忽然，蛋糕不见了，我又跌入了那个洞中。这次，我会去哪里呢？各位小"吹牛大王"，我期待着你们想象出神奇的世界，我好去旅游哟！

我最亲密的读书伴侣

冯霄筠

妈妈业余时间最大的爱好就是看书，从小我就被妈妈带领着在书海中漫游。那时看得最多的是《幼儿画报》，每天一有空，妈妈就会

抱着我给我读书，有时一本书为我读上四五遍我也不嫌烦，就这样，我学会了认字，慢慢地，我学会了自己看书。

上小学三年级以后，为了拓宽我的知识面，妈妈开始引导我看各类书籍。记得有一天，妈妈兴冲冲地抱着一大包书回家，神秘地告诉我："我给你借了一套魔法故事书——《哈利·波特》。"我的兴趣立刻被勾了起来，拿起书就看。可是，当我到人物的名字那么长，看了半天也没有记住谁是谁，故事情节也没弄明白，就顺手把书放到一边，一连几天都没再看过。妈妈奇怪地问我："怎么了，为什么不看？""没意思。"我兴趣毫无地回答。妈妈看看我，搂着我坐在沙发上："咱俩一起看吧。"于是，我们就开始了每天中午的"亲子共读"。妈妈每天拿着书兴味盎然地给我读着书中的情节，而我只好有一搭没一搭地听着，每天一章，雷打不动，渐渐地，我听出了兴趣，故事情节越来越吸引我，一个小时的听故事时间太少了，我迫不及待地想知道下面的内容，于是，我央求妈妈："今天能不能多读一章？"妈妈却神秘地冲我笑笑，摇了摇头，我噘着嘴，嘟囔着："你读得太慢了，还是我自己看吧。"这时，妈妈开心地笑了。

为了让我坚持看完整套书，妈妈居然和我抢着看。为了多看几眼书，每次吃饭，我都心不在焉的，赶紧扒拉完，就跑去看书，连每天的午睡时间也用上了。有时，针对某个情节，我和妈妈还展开了讨论，那场面弄得跟辩论赛似的。爸爸看到我们这么迷恋这套书，也加入了我们的行列，就这样，我们全家都成了"波特迷"。最后，妈妈还买了一套珍藏版送给我。

现在的我越来越爱看书，而妈妈始终是我最亲密的读书伴侣！

巧计吃蜂蜜

陈泳珊

连续几天的大雪给百亩林穿上一层厚厚的棉大衣。这种天气让维尼很难找到美味的蜂蜜。"像我这样热爱食物的小熊,再没有点儿蜂蜜吃就完蛋了。"维尼抱着空空的蜂蜜罐担心地说。

这时维尼忽然想起,在百亩林最高的一棵树上,挂着一窝他总是掏不到的蜂蜜!整个夏天,维尼都在想办法够到它,可从来没有成功过。

"我想那蜂蜜一定是世界上最好吃的,一定是!"维尼舔了舔发干的嘴巴说。虽然蜂蜜很高,很难够到,但他太饿了,决定试一试。

维尼来到那棵树下,用尽各种办法爬树。他先抓着树干使劲往上爬。滑下来后又抱着树干,撅着屁股一点一点地往上拱。可是树干太滑了,他总是爬到一半就"哧溜"掉下来。

"唉,我就知道,世界上最好吃的蜂蜜,是不容易到嘴里的。"维尼叹了口气,失望地说。没办法,他又要饿着肚子回去了。维尼一边伤心地走着,一边无聊地踢着地上的雪。

出乎意料的是,维尼一路上踢着的雪滚成了一个小雪球,小雪球沿着山坡滚下去,越滚越大,渐渐变成了一个巨型的雪球。这个大雪球直到撞上那棵树,才"嘭"地一下停住。

这时维尼惊奇地发现，大雪球的顶端离蜂蜜不远了。"哈哈，这样一来，我只要爬上大雪球，就可以吃到蜂蜜了！"他兴奋地向大雪球跑去。

可是，跑到大雪球前，维尼才发现这个雪球几乎和大树一样高，而且比大树更滑。但他没有灰心，因为有个好主意像雪球一样，在他的脑子里滚来滚去。

很快，主意就自己跑出来了。维尼拍着肚子，咯咯地笑着说："过不了多久我就会把你给填饱的！"说完，他一口气冲到山顶，团了一个雪球，向大树踢去。

就这样，维尼用雪球给自己搭了一段台阶！他爬上台阶，顺利够到了蜂蜜！"味道好极了，比我想的还要好吃！"维尼一边大口吃着蜂蜜，一边高兴地说。

这时，跳跳虎正好路过，他看看一排大大小小的雪球，又看看大口吞着蜂蜜的维尼，什么都明白了。他笑着说："别看你这头小笨熊平时挺'憨豆'的，关键时刻可真会想办法啊！"

守护"底线"

熊　志

外公老了，不知何时起，皱纹密密麻麻地堆积在脸颊，头发也沾染了银色的光泽，家里人都叫他"老古板"。

而他的古板并非不接受新事物，而是"传统"，甚至是严格的

"传统"。他从不容许吃饭的时候把手架在腿上摇晃,也禁止饭后碗中剩有白花花的米粒,最重视的便是礼貌和孝顺了。小时候,我和弟弟们虽不大理解,却也都乖乖按着做,略大后即使理解也不愿意遵守这条条规规了。老外公用他自己方式与我们对抗,像个小孩子似的不停地念叨,或不理睬我们,除非你改掉那些坏毛病,否则他绝不会放弃。"老古板"从小就教导我们养成良好的品行习惯,他倡导"白纸论",认为孩子就像一张白纸,在它还未受污染前,就应画一道底线。

橱窗里摆着几十年前年轻的外公执行任务获得的荣誉,外公是司法机关的一名工作人员,克勤克俭,奉公廉洁。

90年代初,随着国家法制体系的完善,打击恶势力、犯罪分子的活动在全国范围内拉开了序幕。外公作为一名法律的拥护者,积极参与其中。而惩办的对象竟出现了外公的小叔,这件事刚好又由外公处理。

不知有心还是无意,这一天他们一家来拜访外公,外公警觉了一秒后,便恢复往日的和善,热情地招待。外公抢先一步提起这件丑事,批评教育之后,提出了许多建议。而亲戚立马便开口道出了原因。外公的脸顿时黑了下来,环顾了身边那几张期待的脸。

"亲人是亲人,底线是底线。"

他声音低沉有力,从心灵深处传递到空气中。

待客人灰溜溜地走光后,酒后初醒的外公猛然见桌角的一叠现金。外公心想,这可不行了!这是违法的!这分明就是行贿啊!这怎么能接受呢!外公抓起钱往外追,抽出平时里买菜用的旧单车,使劲儿地蹬,使劲儿地踩。待到达后,满脸汗水,气喘吁吁的外公狠狠地将钱甩在那亲戚的脸上,扬长而去。只留下那亲戚不满与迷惑,在风中飘扬。

我听到这故事,原是从外公的一个笑话中出来的。原来,这钱是爸爸还给外公的欠款,而大大咧咧的外公竟错当为"贿赂",才闹出了这一场戏。

讲到这里，外公也会可爱地挠挠后脑勺，貌似很无辜地笑笑："这是我工作的原则嘛！"而我却分明在外公的双眼里看到了最美丽的风景：明亮、清澈、执着、坚定。正因为外公细心守护了它大半生，它才如此纯净，它分明在告诉我："做人，就该守护自己的那条'底线'。"

妈妈家的祠堂

吴声远

今天，外公带着爸爸、妈妈和我去妈妈家的祠堂玩。

到了正大门，一仰头就可以看到大门上面刻着四个大字：宝德崇文。我问爸爸："这四个字是什么意思呀？"爸爸摸着我的头："用现在的话讲，就是'最宝贵的是高尚的品德'。'崇文'就是崇尚、尊重文治，也就是说，要讲道德、爱学习。"

"你看！"爸爸指了指大字的旁边，我这才注意到那里有四处砖雕。雕刻出来的人物有着胖嘟嘟的脸和身材，我觉得很符合元朝时期雕刻的特点，便问爸爸："爸爸，这是不是元朝时造的？""不是，这是清朝咸丰年间造的，你想得太远了哦。"

我仔细观察了一下，发现四个砖雕人物的装束各不相同：一个背着钓竿，一个背着柴火，一个正在看书，还有一个背着犁，分别是渔翁、樵夫、书生、农夫，寓意着"耕读传家"。

说起耕读传家，我想起了妈妈的童年。妈妈曾经告诉我，以前她们家非常贫困，但外公外婆却一直支持她和舅舅读书。如果田里的活儿太忙，她和舅舅也会跟外公外婆去劳动，比如捉虫、插秧、割稻子……一有空闲时间，他们就一起学习，真是干活学习两不误。

　　在祠堂里，我还看到了妈妈家的家谱。家谱的封面是蓝色的，左下角有一点儿破裂，中间写着"兰源吴氏宗谱"。翻开来，第一页画着泰伯像，第二页画的是仲雍像，仲雍戴着官帽，胡子老长老长。最阔气的是季札像，一脸正气。这三个人的名字都在《论语》里出现过！哇！我们的祖宗竟然这么伟大呀！

　　家谱上记载，堰头村一世祖曾于宋仁宗年间在江西当县官，他工作认真，不愿意与别人同流合污，就带着家人隐居到堰头。他每天在竹林中读书、写诗、弹琴，风把他的衣襟吹起，他的心胸就像天地一样宽广……

　　时间过得真快，我们要离开堰头村了。刚下过雨的天特别蓝，祠堂的白墙黑瓦在雨后展现出了别样的风采。

　　"宝德崇文，耕读传家。"吴声远，你要牢牢记住呀！我暗暗对自己说。

有意思的科学课

郎正啸

　　又是一节科学课！

伴着优美的上课铃声,我们在教室里等待老师的到来。出人意料的是,进门的竟是顾校长!刚才还叽叽喳喳的"小鸟"们,立刻闭上了嘴巴。

我们以为又要看无聊的视频了,但顾校长说:"同学们,你们的嵇老师忙不过来,以后我来给你们上科学课。今天,我们来学习'搭支架'。""啊,搭支架?"同学们一听很吃惊,嘴巴张得老大,都能放进一个鸡蛋啦!

顾校长拿出一包装袋吸管,没有带吸管的同学一拥而上,瞬间抢光了吸管和大头针。我可不去凑热闹,我采用"鹬蚌相争,渔翁得利"的策略,不慌不忙地在下面拾他们抢掉下来的吸管和大头针,哈哈,收获颇丰。

顾校长说:"我们这一堂课,我们先搭简单的平面图形。"话音刚落,我拿出两根吸管,互相垂直平分,在中间钉一根钉子,做成一个"十字架",又拿四根吸管,围在"十字架"的四周。一个不会变形的菱形就做成功了。顾校长看了后,鼓励我继续搭。我将一根吸管折弯,把吸管的两端固定在菱形的一组对角顶点上;不经意间,竟然做出了一个立体图形。我欣喜若狂,采取同样的方法,再把另一根吸管折弯,将它的两端固定在菱形的另一组对角顶点上,这样我就做成了一个多面体。下课时,我把这个作品拿给顾校长看,他说:"你拼得非常好,快达成下节课的目标了。"我欢喜地蹦跳着走了。

在我们的期盼中,又一节科学课到了。这次我们都做好了充分的准备,校长再次走到讲台前,说:"同学们,这次提高难度,我们来搭塔楼!""好耶!"我们一起欢呼。虽然我不会建楼房,但我这次仍小有成就:三人一组合作建塔楼,我负责难度较高的塔身。一位同学建最简单的塔顶,他把一根吸管反复折叠,用图钉一戳,固定到立体三角形的顶上,塔顶就OK了,真是别出心裁。我不甘落后,用两根吸管互相垂直,交点处用图钉固定呈"×"状,用同样的方法,又作了一个"×"。将其中的一个"×"平放在桌上，用四根吸管分别竖直固定在四个端点上，再将另一个"×"固定到四根吸管的上端，这样一个哥特式的塔身就做好了。塔基交给另一位同学。他用一根吸管弯成圆形，又在圆形的四面各切开一个小口，嵌入四根截成半段的吸管，另外四段半根吸管首尾相连，围成一个正方形，固定在圆形的塔基上。我把塔顶钉在塔身上，又把塔身牢牢地固定在塔基上，瞭望塔终于做好啦！我们看着自己的作品，正沾沾自喜，顾校长对我们说："好是挺好，但太费材料了，现实中肯定不会采用你们这种方案。"唉，太可惜了，大家一下子都蔫了。

这样的科学课真有意思，现在，我们可都希望顾校长天天来给我们上科学课呢！

求人不如求己

钟 科

考 试 前

"别挤，别挤，给我看看，给我看看！好家伙，这次你小子走运了，居然和第一名坐一起。"月考安排座位表出来了，和第一名坐在一起考，我心中不禁窃喜："终于要咸鱼翻身了，终于可以排名靠前了。"脸上却不动声色，说："这有什么，我靠自己的真本事。"私下里开始慢慢行动，好说歹说终于把第一名劝动了，答应传数学选择题答案给我。除了数学拉后腿之外，就还真找不出什么弱科来了。这下好了，天赐良机，看我怎么华丽转身吧，心里仿佛乐开了花。

考 试 中

急死我了，怎么还不传答案给我？还有半小时就下考了。心急归心急，还是不能乱了分寸，不断地看着时间溜走，不断地给第一名暗示，希望他能早点儿把答案传来。还剩下二十分钟的时候，纸条终于飞来了，上面写着："求人不如求己，自己写吧。"抬头看了一眼第一名，他已经把身子侧到一边去了。这下我彻底失望了，什么"咸鱼翻身"，什么"华丽转身"，都成泡沫了。怎么能这样？明明答应好的，早知道你是这种人，我就找另外的"战友"去了，求己就求己，我还真不信没有你我就黑了天，我自己本身的底子不算差，又加上自己不服输的念头，越写越顺手，终于在下考铃敲响的那一刻，把等答案的空全填好了。当然，在出考室门的时候不忘冷冷地盯了第一名一眼。

考 试 后

成绩单出来了，出人意料的事发生了，"嘿，你小子不错啊，这次没有求助我们你也能考得这么好，真不赖嘛！""哪里，我这不是前阵子努力了一把嘛。"嘴上附和着，又冷冷地盯了第一名一眼，仿佛在传达"怎么样？没有你我一样能考好，你以为你是谁啊？"第一名似乎也理解了我眼神中的意思，却没有什么敌意，友好地朝我走来，伸出手说："恭喜你啊！"我一时没反应过来，不知道该如何是好，这时，第一名又说："怎么？不愿意接受我的祝福啊？""哪里，我这不是没有反应过来么？"一边说一边把手伸了过去。"求人不如求己嘛。"两只手紧紧地握在了一起。

有时，我也想细数那满天繁星

崔春晓

细数繁星，忧愁无门，人生几何。

——题记

天上的星星闪闪，我却无暇欣赏。我已十二岁了，随着年龄的积累，身上的负担也愈加沉重，背弯了，眼睛坏了，低着头走了如此长的路，却突然发现，自己没有真正的轻松过。看着那繁星闪烁，想到自己还未完成的任务，我的内心更加狂躁，不安。

深夜，完成了堆积一天的功课，夜色像墨一般浓厚，几颗明亮的星像夜明珠般闪耀，在深蓝色的夜空中显得格外亮眼；路旁的灯发着微弱的光，照射着空无一人的路。在寂静的环境中偶尔传出几声猫叫，让人听了心无不战栗几次，瞬间放空了大脑。我想要欣赏欣赏夜景，在星星的陪伴下让一天的疲劳随着大脑的放空而放空，却怎么也耐不住眼皮的沉重，就带着脑袋里来不及处理的信息昏昏沉沉地睡了过去。

我的觉总是睡不够的，清晨的阳光打在脸上，闹钟响了多遍才挣扎着从床上爬起，拖着沉重的身躯洗漱。启明星早已不见踪影，东边的云彩被映成火红色，一天又要拉开新的篇章。新一天的一切都是新颖的，但依然不变的是我每天疲惫的身躯。

清晨的空气很新鲜，微风习习还伴随着鸟鸣声不断传出，我却忙于赶路而无暇享受。又乏又酸的双腿几乎迈不开，我多想停下歇息一会儿！但无奈，时间是不允许的，只能抓紧大脑的控制阀，把步子加快，让双腿经历火的磨炼。

中午的时间加长到两个小时，但我却几乎没有休息的时间。因为父母平时比较忙碌，往往中午是我自己做饭吃，以至于我回家的第一件事就是面对厨房，忙完一堆琐事后，中午的所剩时间就不多了，躺在床上歇息五六分钟已是件奢侈的事。

当夜幕再次降临，内心感叹着时间过得飞快，而在一天将过去的同时，随之增加的是烦恼、负担。

周而复始，负担也就越来越重。

有时，我曾幻想着有一天，自己把这些负担卸下，在美丽的夜空下，躺在一叶小舟上，让小舟停泊在寂静的湖畔，细细聆听着大自然的声音，轻哼着歌，细数那满天繁星，让身心回归大自然，不再为这一堆的事物而烦恼、担忧，真正放松自己，与山水融为一体。人生最美好的事也不过如此吧。

但这幻想或许终究也只是幻想吧，怎么可能真的不再烦恼？

或许烦恼也是有克星——自我疏导，每次为自己找一个窗户[1]，把烦恼放出去，让自己变得轻松些、快乐些、自由些。

看啊，那满天的繁星，是多么明亮。

别把爱埋得太深

陈美玲

爱像翠绿盎然的小草，给大地带来生机，但如果把种子埋得太深，它会发不出芽；爱像重重夜幕里的一盏灯，为你照亮前方的路，但如果离得太远，它会模糊不清。而你们，也不要把爱埋藏得太深，因为那样，我会以为你们不爱我。虽然在内心深处，我知道你们很爱我，但很多时候，我总要一点一点地去挖掘，才能体会到。

每个周五下午，公路上总会出现一个女孩儿孤单的身影，她看着自己的影子，虽然嘴里哼着歌，但心里却很羡慕那些有爸妈来接的同学。没有人来接她，她只有自己走回去，背着沉重的书包，形单影只。经常有同学问："喂，怎么又一个人？你爸妈怎么不来接你？走回去，也有很长一段路呢！""也许他们忙吧，没关系，走走也挺好。"我这样说着，可心里却不是滋味。其实，我知道你们是想锻炼我，让我更加自立。但你们也应该知道，在成长的过程中，除了自立，我更需要你们的关爱。我不希望你们把对我的爱埋藏得太深，那样我会很难发现。

依然记得那个雨天，所有的东西都准备齐了，我要去学校了。可外面的雨还在下个不停，地上的积水越来越多。这时，我犯难了。我用渴望的眼神望着妈妈，想让她送我去上学。而妈妈好像看透了我的

心思，犹豫一下，对我说："这雨也不是很大，你自己打伞去吧，你姐以前上学也都是一个人，没事。"我知道已经没有商量的余地了，我什么也没说，背起书包撑着伞便走了。一路上雨仍在哗哗下个不停，往来的车辆经过身边，我总能看到有些家长开车送孩子去学校。心里像打翻了五味瓶，我真的很难过：爸妈，你们为什么不送我呢？难道你们不担心我吗？

你们总是严格地要求我。至今还清楚地记得，五年级那年，我因为写错了一个字，挨了一顿打。我想也许是因为当时你有其他事情不顺心，把气撒到我身上。现在想来，也许你打我是出于好心，想让我变得更好，但为什么非要用这种方式纠正我的错误呢？你可以把错误给我指出来，可以给我讲道理，我一定听的。可是，你打在我身上，更痛在我心里。

种子不能埋得太深，这样它会发不出芽；灯光不能离得太远，那样它会模糊不清；你们对我的爱也不能一直隐藏着，因为那样我会觉得你们不爱我，知道吗？

请别把爱埋得太深，那样会让幸福找不到归宿！

漫画小魔女

于新宇

"漫画小魔女"？别紧张，她可不是无恶不作的小魔头，而是我在奥数兴趣班上的同桌——一个可爱又古灵精怪的小姑娘。她最大的梦想就是成为一名伟大的漫画师,她常常挂在嘴边的一句话就是"漫画是我生命的全部,失去它,我就好像失去了整个世界"。她每次说这话时,都会用双手将漫画本紧抱在胸前,45度角仰望天空做神圣状。

而我会拼命憋住不笑,附和着:"你这么努力,将来一定会成为一名漫画家的。"这时,她的脸上会出现一抹发自内心的笑容,眼底会流露出一丝坚定的决心,整个人神采奕奕,简直比她得了奥数大奖还要开心。

可惜老天不作美,尽管漫画小魔女爱漫画如痴如狂,她的爸爸妈妈并不支持她画漫画,而是让她钻研奥数。用小魔女的话来描述她的"悲惨命运",便是:"老天爷最狠心了,硬是塞给我两个不解情趣的'老古董',天天逼我往'奥数题海'里扎。"她边说边重重地叹一口气,耸耸肩,仿佛她的家是地狱。

小魔女会抓紧每一分每一秒练习画漫画。这不,全班同学都在专心致志记录着老师刚刚讲的奥数题,小魔女却只字未动,一心一意地在我的讲义上做着"惨绝人寰"的"整容"——在每道题目旁边的空白处画上各种漫画人物。从侧面望去,在淡淡的阳光映衬下,小魔女的睫毛像蝶翼一般轻轻扑闪着;小嘴略略张开,露出浅浅的微笑;如细葱般的纤纤素手小心翼翼地画着一个个漫画形象。这一刻的小魔女很安静,一改往日的喧哗;这一刻的小魔女很认真,一改往日的散漫;这一刻的小魔女再也不抱怨父母了,就这么静静地画着……每次经过小魔女改造的讲义总是充满灵气,一张张"天书"似的"经卷"被改造成一幅幅有趣的漫画,一个个栩栩如生的动漫人物或坐或站,或笑或哭,静静诉说着他们的故事,让人忍不住看下去。

我和小魔女做同桌的时间很短暂,只有那么短短的15次课的时间。最后一次奥数课下课时,看着周围的同学忙忙碌碌地收拾好东西,陆陆续续走出教室,我们谁都没有动。教室终于安静下来,只剩我们两个人。小魔女不知用什么办法，终于说服她的父母支持她放弃奥数，学习漫画了。下一次奥数班开课时，我们不会再见面了。小魔女语气坚定地说："相信我，你以后一定会再见到我的。那时，我一定是一名出色的漫画师，你千万不要忘记我哟。"我心中一酸，嘴里不停地重复着："你一定会梦想成真的。"这次不再是简单的附和，而是衷心的祝愿。

该离开了，我狠狠心背起书包，飞奔出教室。走出教学楼，我抬头向教室望去，小魔女正站在窗口朝我挥手。我的泪水瞬间决堤，涌出眼眶……

再见，我的朋友——漫画小魔女。希望再见你时，你已实现了你的梦想。

风的大脾气

付思洋

"笃笃笃"，清晨，我正在睡觉，突然一阵敲门声硬是把我从美梦中叫醒。"是谁这么早敲门？"我想了想，抵制不住瞌睡虫的诱惑，又睡了。"笃笃笃"，又是一阵急促的敲门声。"是谁这么烦人？"我不得不从温暖的被窝里爬起来去开门。"咦，怎么没人？""呼——"这时一阵风吹来，原来是调皮的风在捣乱。

反正也睡不着了，我叫姐姐一起写作业。我们正在认真思考时，平常一向老实的窗户也来凑热闹，"哐当、哐当……"不停地关关合

合。"噢，这是风看没人跟它一起玩了，故意来晃窗户的吧。"我一本正经地说道，姐姐却"扑哧"一下笑了。

突然，"砰"的一声巨响传来，仿佛整个房子都在摇晃，把我和姐姐都吓了一跳。看来，这回风真的生气了，它把门狠狠地关了起来。"哼，讨厌的风！"我也生气了，拿起椅子把家里的门都牢牢地抵住。

我们继续写作业，风使劲儿吹了一会儿，发现没人理它，竟然撇下我们，朝阳台发威了！

"哐啷！"什么声音？我和姐姐赶紧跑到阳台，啊，是我心爱的仙人掌！幸好花盆没摔坏，我找了个避风的地方把仙人掌放好，然后和姐姐一起把阳台上的东西收拾干净。

风没有办法了，只好在阳台外面"咻咻"地吹起了口哨。"哎，可怜的风啊，你尽管吹吧！反正我们不会再理你了。你的脾气那么大，谁会喜欢！"

观马戏有感

朱 涛

最近的天气总是让人摸不透，忽冷忽热。今晚，我的心情亦如此，或许是看了马戏的缘故吧。

初入戏棚，但见人头攒动、摩肩接踵，空气中弥漫着动物身上所散发出的异味，可许多人竟若无其事地在大吃大嚼，嗑瓜子的声音似乎比夏天的蛙鸣还密，这景象让我近乎窒息。我和妹妹不愿与这些人"同流合污"，便从工作人员手中取过两把塑料椅，靠着铁丝网坐了下来。哈哈，没想到能找到如此"雅座"！

在漫长的等待中，广播里总算传来了主持人的声音："请欣赏第一个节目——狮虎大战！"印象中的东北虎凶猛残暴，非洲狮坚牙利齿，可是当它们迈出铁笼的那一刹那，我怔住了：这哪里是虎和狮啊？它们如猫狗一样温驯，甚至不及狐狸威风。

老虎和狮子在场地上溜达着，它们的眼神里写满了无奈和乞求。再看那锯断的牙齿，那被切除的"利爪"，那残缺的尾巴，我的心灵再次被震颤了：它们本应无拘无束地生活在原始森林中，在辽阔的草原上自由驰骋，可现在却身陷囹圄，在那根带电的鞭子下，驯服地做着各种各样的动作！它们风驰电掣般的速度呢？它们撼天动地的力量呢？它们火炬般的眼睛呢？它们桀骜不驯的性情呢？一切都荡然无存。可是，在它们心灵的最深处，一定有那茂密的丛林，一定有那广袤的草原，一定有那峻峭的山岗！

马戏仍在继续，观众仍在哄笑，我仍在沉思……

欢乐乡村行

张 晶

今天天气格外好，我们一群小伙伴在老师和家长的带领下来到建瓯市吉阳镇葛老庄生态园开展亲子活动。我们乘汽车一路欢声笑语，终于来到目的地。

走近葛老庄,我发现庄园的建筑物很有特色,都是用竹子建成的,看上去精致典雅。进入庄园,我们看到工作人员正在做"吉阳四宝"之一的仙草冻。大家一窝蜂地围上去,争着想吃上一口。看到我们的猴急样儿,工作人员哭笑不得:"不要急,都有!都有!"我拿到一杯仙草冻,迫不及待地吃了一口,Q弹爽滑、清香无比,真好吃!

吃完仙草冻,我们绕着庄园游玩。只见庄园里有一个大池塘,池塘上是幽静的长廊,连着大小不一的亭子,亭子也是用竹子建成的,别致极了。池塘里种着荷花,可惜我们来的季节不对,没有欣赏到美丽的荷花,只有枯萎的荷叶和池塘里自由嬉戏的鱼儿。虽然没看到荷花,但午餐我们吃到了"吉阳四宝"之二——莲子,这里的莲子又香又甜,又软又糯,非常好吃。

我最开心的是在这里看到了手打糍粑和手推石磨磨豆浆的场面。手打糍粑开始了。只见工作人员将蒸熟的糯米放入石舂,一个人挥动木槌捣,一个人翻动糯米团,他们互相配合着,你抡一槌,我翻一下。我们也跃跃欲试,结果好几个同学连木槌都抡不动。

手推石磨磨豆浆也非常精彩。你瞧,工作人员把泡好的黄豆加到石磨中间的小洞里,然后推着石磨转圈,还没几圈,豆浆就沿着石磨流了出来。大家都争着体验手推石磨磨豆浆,你看那几位"大力士"一起龇牙咧嘴地推着石磨,那样子真是憨态可掬,我们笑得前俯后仰。

一顿极富农家特色的午餐后,我们来到庄园旁的田里学种吉阳四宝之三——泽泻。我想:不就是种菜嘛,谁不会呢?可看着简单的事,我们做出来却是另一番模样:大家把泽泻苗种得东歪西倒,还弄得自己满身泥巴。阳光下,大家望着你的泥脸、他的泥手,高兴地笑了,同时也体验到了劳动的艰辛。

一天很快就过去了，这一天过得充实有意义，虽然有些累，但我们心里有一种说不出的畅快。

秋天的颜色

钟墨菲

常在秋天里念着刘禹锡的《秋词》，看着玻璃门外小公园里的景色，心中与刘禹锡一样并不是很不认同别人对秋日漫天黄叶、悲伤寂寥的印象。因为，珠海的秋是绿的，那是种令人着迷、生气勃勃的绿色。

我从小在享有"森林之城"美誉的珠海长大。在这里度过短暂而又漫长的十个秋天。以往的秋天是什么样子的，我不大记得了。但我所记得的秋天，都是被青葱的绿渲染而成的，而且还有蓝蓝的天空和白云，还有多情的秋雨和和煦的阳光。在这样暖意包围下，我喜欢在小公园旁的畅想读书培训中心度过那充满绿意的秋天。

正式在小公园旁欣赏秋天，也是最近五年。在父亲的带动下，我喜欢在书香四溢的补习班遨游在知识的海洋。在这里，我认识了"志同道合"的小朋友们。她们和我一样天真、活泼，像我这样喜欢秋天的绿，喜欢呼吸秋的气息。在被绿温柔渲染的秋日里，绿色的叶子被风吹落了又长，长了又落，一批又一批的学生作业写了改了又写，来了又去了，唯有他和她一直坐在学习班里，犹如潭水一般深邃的双眼，看树叶飞飞落落，看学生来来去去。他是我的爸爸，一个忠诚于教育事业的英语教授；她即是我那严厉又温柔的妈妈。

他们在绿色的秋天里，收获了一批批获奖名单。那飘着墨香的荣誉证书，正从各地寄来。他们满脸笑容，正和孩子们一起分享这秋之喜悦。看，那翠绿的树木映衬着蓝色的天空，令这里的书香更加浓郁。安静的书房里，他们正专心致志地批改着学生的作业，如同其他教师那般，悉心教导着一批批终将离去的孩子。

或许一群群孩子离去的时候，他们心里是苦涩的吧。心中的绿叶随着时间慢慢变黄，但他们教育出的一批批孩子的身上却焕发着绿叶的勃勃生机。那本该深黄的秋因为培养了夏所以染上了本属于夏的青葱，夏因为秋的培养愈发青葱愈发生机。

绿色或许就是有了夏的秋的美好颜色吧。有了夏的秋不再悲伤寂寥而是美好青春。看着秋，夏或许在笑吧，看着夏，秋或许也在笑吧，笑他们拥有共同的迷人色彩。

蚕豆花开

徐凡华

每到春末，爱笑的蚕豆总开出一朵朵黑白相间的花儿，迎接火热的夏天。请闭上眼睛想：它们，像不像一双双喜好恶作剧的大眼睛，坏坏地紧盯着你不放？每逢这时，我都特别兴奋。因为，我又有一个好玩的游戏可以反复做了！什么游戏？索性，我就把其中的一次在这来个竹筒倒豆子吧！

那天傍晚，叶子、小可和我一行三人，走在回家的路上。谈笑间，我瞥到路边黑乎乎的蚕豆花，偷偷一乐。趁叶子没注意，我手疾眼快地摘下一朵，放在手心，藏去身后。

终于逮着一个时机——叶子正说得天花乱坠，我冷不丁地冒出一句："叶子，你最怕什么啊？""蚕豆花啊！"还没等叶子反应过来，小可就颇不耐烦地抢答了，还不解地反问，"你不是知道的吗？"这个小可……怎么形容才好？真不解风情！我只好偷偷向她使了个眼神。小可立即心领神会。还算聪明。

我继续："叶子，你真有那么怕蚕豆花吗？"见我步步紧逼，胆小的叶子也似乎觉察到了一丝不安，她那么警惕地："你你你……该不会又想吓唬我了吧？"小可赶紧唱红脸："怎么会呢？咱们可是好姐妹！"我呢，则故意避开叶子的提问，只狡黠地一笑："给你看样东西！"话没说完，就把捏得紧紧的右手，往她跟前猛地一推。

"啊！——"叶子那声久违了的拉长了的尖锐大叫，又如期而至。她也就这么点儿出息，每次叫时，都这般惊天地、泣鬼神！我和小可笑得都快岔气了。

"你们幸灾乐祸！"叶子终于止住了，小声抗议。我轻晃右手，得意洋洋地："你叫什么叫？我手上可什么都没！"她不相信。"不信？你睁大眼睛看啊！"我松开手掌。确实啥都没有。叶子也笑了，满脸愧赧地。

我突然抽出一直藏在背后的左手，以迅雷不及掩耳之势。蚕豆花，这次真在叶子眼底怪里怪气地笑着了。惊魂未甫的叶子，这次可是彻底地崩溃了。只见她叫都没叫一声，撒腿就跑，堪比光速。见事态突变到超出预料的地步，我心里也没底了。赶紧扔掉蚕豆花，拉上小可，也脚不点地地飞奔起来。

等我们上气不接下气地赶上叶子时，她蹲在一个黑黑的墙角，已经哭得嘴唇翻白、满脸污渍。"叶子，对不起。"听见我的声音，她那么惊恐地转身，哭得越发的昏天黑地了。

早知如此，何必当初？唉，每次恶作剧之后，我都这样后悔莫及……可是，世上还真没有后悔药。眼下，小学生活没几天了。我特别思念那些大眼睛一样总在我脑海里怪里怪气笑着的蚕豆花。也不知道初中咱仨还能不能再在一所学校，一间教室里读书，也不知道未来还能不能再一起走在上学放学的路上……

不同的转折，不一样的人生

张 涛

彩虹总在暴风雨之后，桃源总在深山之中，而人生如同彩虹，经历的风雨不同，所面对的景色不同，有时只是转瞬即逝的美，有时却是记忆的永恒之美，如余音绕梁，三日不绝。

有位著名的企业家，他的一生真可谓是传奇多彩。有的人奋斗一辈子虽达到他的高度，但是却达不到他的这种敢于为自己设置转折点的深度，十八岁的他，白手起家，仅花了五年的时间，便进入了中国的福布斯排行榜前三百强。这是多么骄人的成绩，但就在他处于事业的辉煌顶峰时期，他放弃了他的骄傲，转去一个毫无关联的陌生的行业，从头开始。所有人都不明白，一个企业龙头董事，却要放弃宝座，从头再来。几乎每一个人都说了两个字："反对。"然而他并没有改变，仍然干着这个陌生行业中最底层的活儿，他说："我的人生我做主，当我达到我的目标时，想换一种方式活着，过不一样的人生。"最后，他成功了，在经历转折之后，成功依然走向了他。敢于做出转折的人，是成功的人。

"我为自己代言。"相信这个广告词，大家都非常熟悉，它来自一位成功的"80后"创业者——陈欧。他创立的网络购物网站"聚美优品"就是他成功转折后的产物。在陈欧的大学时期，流行一款叫"魔兽世界"游戏，激起了陈欧对网络的兴趣，从而创造了一个比其更好、更具真实性和能动性的游戏，许多商家都慕名而来，想与之合作，争取最大的利润。就在此刻，陈欧毅然决然地放弃了这个胜利果实，高价卖出后，他去了美国的斯坦福大学攻读MBA硕士学位。在此期间，他突然想到一个关于女性化妆品的销售问题，便做出了人生的第二次转折——在网上创立女性化妆品专卖店。一开始的资金、人力以及物力短缺等困难并没有打倒他，反而让他意志更加坚定地走下去。到最后，一个点击率突升的网站开创了他不一样的人生。倘若他没有做出转折的勇气，他还会如此成功吗？不，他不会。他的成功在做出转折之后。是转折，让他走向事业的辉煌。是转折，让他成为知名的商界才子。

"哪怕遍体鳞伤，也要活得漂亮！"这是陈欧的座右铭，而现在，它也在成为我人生道路上的座右铭。是它，告诉我当遇到人生路口的转折点时，应是走那条人人都踩过的大道，还是走崎岖不平的小径。这个，由你决定。

也许在经历转折之后，遭遇诸多不顺，艰难险阻可能会接二连三地到来。不要怕，记住你的选择，完成你最初的梦，转折后的人生，由你自己掌控。不同的转折，不一样的人生！

雨天的向日葵

袁小冉

八月的一天，天气并不炎热。一大早我接到一张小卡片，卡片上印着一个地址，那是我今天要去的地方，然后把包裹送到主人手中。我提着包裹上路了。

穿过一道高高的拱门，青色的石板路，墨绿色的湖泊最先映入眼帘。接着是青白色的相同样式的房屋，安静有序地排列在这里，构成了这个美丽的小镇。我在巷子里穿行，这里好像一座迷宫，仿佛下一秒就会迷路。

时光像一座牢笼，将我围困了起来，我好像真的迷路了。在这个陌生的巷子里蹲了下去，此时的天空下起了淅淅沥沥的小雨，我靠着青白色的围墙，一种落寞感侵入我的心脏，我望着远方，雨水飘落在我的脸上。突然，我在我的前方的十字巷口看到了一株向日葵，它的叶子在风雨中摇晃，好像在向我招手。我从地上站了起来向前方的十字巷口走去，我很惊异这株向日葵的出现。

靠近它，觉得它像是我的一位友人，它用它的叶子告诉我，欢迎你来，远方的朋友。终于在这个陌生的地方找到了一丝亲切感，那种欣喜是无法言喻的。让我不明白的是，它为什么会出现在这里？但我清楚地知道它在默默守护着这个小镇，守护着这里的人们。它不怕孤

独,不怕风雨,因为它的心里有一个信念,它要等待阳光的出现,它知道风雨过后会有美丽的阳光,它的心一直向着阳光。

我依依不舍地告别了我的友人,我朝着它面对着的前方走去,小雨依旧在下,快要进入另一条小巷,我回过头望了望它,它又用它的叶子向我示意,仿佛在说,欢迎你下次再来。我看到它好像笑了,像阳光般温暖的微笑。后来,我找到了那个地方,成功地完成了任务。

我是往另外的小路回去的,走出拱门,我望着这座安静的小镇,我向它告别,再见了,小巷,再见了,友人。

向日葵在我的眼前消失了,像从来没有出现过一样,可是它却已经住进了我的心里。随之的,还有一句话,"心若向阳,无畏悲伤"。

雨停了,太阳出来了,阳光照进小巷,也照进每一个人的心中。

妈妈教我讲礼貌

宋一凡

让我们先打开词典:家风,是一个家庭或家族长期以来形成的能影响家庭成员精神、品德及行为的一种传统风尚和德行的传承。罢卷而思:我家也不例外呢!光"讲礼貌"仨字,就曾那么用力地改变着我。

首先,学会问好。熟识我的人都知道:我生来内向。十岁之前,别提在陌生人跟前,即便是亲戚朋友久别重逢,我连个"阿姨好"都

难以启齿，那份尴尬好比鱼刺卡在喉咙里。父母对此很是担心。

那天，妈妈拉住了我的手："凡凡，妈妈知道你胆小。可咱不能因为胆小就总让人觉得咱没礼貌不是？你可以叫我'妈妈阿姨好'，来，试试看？"

叫自己妈妈"阿姨好"？妈妈点头。我憋红了脸，可仍似鱼刺卡在喉咙里。妈妈微笑着鼓励。看得出，她比我还紧张。"妈妈……阿……姨……好！"到底说出来了。妈妈如释重负，让我也有了信心：当个讲礼貌的好孩子，或许并不很难？

其二，换位思考。随妈妈乘地铁。那天，人真多。座位上满满的，过道里挤满了人，还不停往上涌。很不幸，我也挤在过道里。站着站着就累了，在那直叫唤。有个奶奶要把座位给我。我刚想坐，妈妈拦住了："你再累，也不能抢奶奶的位置啊。"

奶奶真不忍我站，她还在坚持；妈妈不想搅扰奶奶，还在婉拒。"好奶奶！要不，我坐您的腿上？妈妈，你拉着我的手？"我刚想出这一招，就脱口而出。临近的，都呵呵笑了。老奶奶也笑眯眯地把我抱去坐在了她腿上。妈妈当然也笑了。别人的善意，不可照单全收！

其三，主动帮忙。今年暑假，陪妈妈回娘家，一看到外公，她就对我使眼色。我装作没看见，只低头小跑："外公好！你手里这么多东西，我来帮你！"外公愣在那里，乖乖地把菜篮交给我。好大一会儿才恍然大悟："好好好……凡凡真懂事！"我坏笑着回头看妈妈。她那么欣慰。我发现：讲礼貌，还体现在帮助他人做自己力所能及的事情上。

一转眼，在咱们南师大苏州实验学校生活了也一个多月了。我的人缘特好！这都是妈妈教我讲礼貌带来的福运。就让好家风一直陪伴我成长吧！

丑小鸭与我

刘凯文

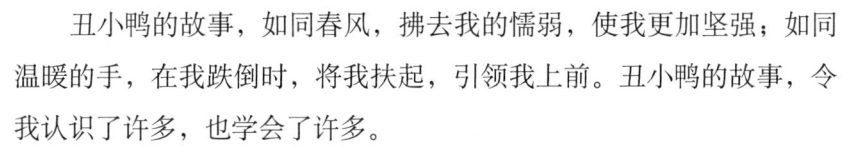

丑小鸭的故事，如同春风，拂去我的懦弱，使我更加坚强；如同温暖的手，在我跌倒时，将我扶起，引领我上前。丑小鸭的故事，令我认识了许多，也学会了许多。

那是一个暑假的美好的一天，我"跳"出家门，找伙伴玩耍。啊，阳光照在身上，暖洋洋的，很舒服，暖风吹拂着我的发梢，我沐浴着阳光，尽情地享受着大自然的恩惠。"嗨，早啊！"朋友们"滑"了过来，冲淡了我的享受，我感到很惊奇："咦，你们……""嘿嘿，你看下面，是滑冰鞋啦！"一个朋友抢着说道。"嘀，原来是它啊，我还以为你们学会飞了呢！"我挠挠头，不好意思地笑了。"对了，你们先去玩，我一会儿叫你们！"我说完后，便跑回家中，央求爷爷也给我买一双，于是，心疼我的爷爷便带我去超市买了一双，我拎着滑冰鞋，兔子一样蹦回了家。一进门，我就迫不及待地穿上了它，可是，它却像一个顽皮的孩子，在和我作对，我刚站起来，便摔了一跤，妈妈笑着说："你真是一个大胆的孩子，还不会滑就敢站起来，去外面扶着栅栏滑吧！"于是，我在妈妈的扶持下，颤抖着来到了栅栏旁，扶着栅栏，一点一点地蠕动着。慢慢的，我没有了先前的恐惧，撒开栏杆，独自滑行，却不承想，刚滑一会儿，便重心不稳，一下子跪倒了，白筒袜被大地撞开了一条口子，腿也碰破了皮，还流着鲜红的血呢，我既生气又难过，便一个人坐在那里生闷气。这时，朋友轻飘飘地滑了过来，帮我擦了擦伤口，幸好只是破了点儿皮，对我说："要坚持，我们也是这样练会的，想想'丑小鸭'吧！"我听到这句话后，心里想："对，我不能放弃，丑小鸭经受了那么多磨难，都能相信自己，始终坚持不懈，追求梦想，我才经受了这么一点点困难，就要放弃，实在不应该呀！"于是，朋友将我拉了起来，我们共同滑行……

　　终于，在经历了一次次的跌倒过后，在经历了一次次的失败过后，我终于学会了滑冰鞋，也变得更加坚强。

　　其实，我们每个人都是丑小鸭，只有坚持不懈，相信自己，才能变得越来越美，才能变成一只美丽的"天鹅"！